DIE BAUWERKE
UND KUNSTDENKMÄLER
VON BERLIN

BEIHEFT 22

Herausgegeben von der
Senatsverwaltung für Stadtentwicklung
und Umweltschutz
LANDESKONSERVATOR

BERLIN

DIE BAUWERKE UND KUNSTDENKMÄLER VON BERLIN

GEBR. MANN VERLAG

BERLIN 1992

BEIHEFT 22

MARTINA ABRI

DIE FRIEDRICH – WERDERSCHE KIRCHE ZU BERLIN

TECHNIK UND ÄSTHETIK IN DER BACKSTEIN – ARCHITEKTUR K. F. SCHINKELS

GEBR. MANN VERLAG · BERLIN

Gedruckt mit Unterstützung des Förderungs-
und Beihilfefonds Wissenschaft der VG Wort

Frontispiz S. 5:
Die Friedrich-Werdersche Kirche zu Berlin
vor der Restaurierung (unten, wie Abb. 55 S. 113)
und nach Abschluß der Arbeiten (oben, wie Abb. 118 S. 176)

Die Deutsche Bibliothek – CIP–Einheitsaufnahme

Die *Bauwerke und Kunstdenkmäler von Berlin* / hrsg. von der Senatsverwaltung für
Stadtentwicklung und Umweltschutz, Landeskonservator, Berlin. – Berlin : Gebr. Mann.
Teilw. hrsg. vom Senator für Bau- und Wohnungswesen, Landeskonservator
NE: Berlin <West> / Senator für Stadtentwicklung und Umweltschutz; Berlin <West> / Senator für
Bau- und Wohnungswesen

Abri, Martina:
Die Friedrich-Werdersche Kirche zu Berlin : Technik und Ästhetik in der Backstein-
Architektur K. F. Schinkels / Martina Abri. – Berlin : Gebr. Mann, 1992
(Die Bauwerke und Kunstdenkmäler von Berlin ; Beih. 22)
Zugl.: Berlin, Techn. Univ., Diss., 1990
ISBN 3-7861-1612-1
Beih. 22. Abri, Martina: Die Friedrich-Werdersche Kirche zu Berlin – 1992

D 83
Copyright © 1992 by Gebr. Mann Verlag · Berlin
Alle Rechte vorbehalten
Typographie u. Herstellung: Rainer Höchst · Dießen/Ammersee
Gesamtherstellung:
Jos. C. Huber KG · Dießen/Ammersee
Printed in Germany · ISBN 3-7861-1612-1

Inhaltsverzeichnis

Zur Entstehung der Arbeit

Die Idee zu dieser Arbeit entstand nach meiner fast fünfjährigen Tätigkeit als leitende Architektin bei der Vorbereitung, Planung und Durchführung der Restaurierung der Friedrich-Werderschen Kirche. Die Arbeit berichtet über Erkenntnisse und Erfahrungen unter den besonderen Bedingungen eines plan- und bauwirtschaftlichen Mangelzustandes. Die unter dem Druck des Repräsentationszwanges zur 750-Jahr-Feier Berlins entstandene Rekonstruktion weist Kompromisse auf, die heute wohl nur aus dem Verständnis der Geschichte zu akzeptieren sind.

Es ist nicht Sinn der Arbeit, alle Schwierigkeiten zu erläutern, vielmehr ist mir wichtig, das unter diesen Umständen erreichte Ergebnis darzustellen, die Haltung und Herangehensweise und viele technische Details zu dokumentieren. Und schließlich wird dem Leser der einzige, ohne spätere Überformungen erhaltene Sakralbau Schinkels in Berlin vor Augen geführt, der nach vorhandener Originalsubstanz rekonstruierbar war und der sich heute in seiner architektonischen Einheit von Innen- und Außenraum präsentiert.

Schinkel schuf auf der Basis einer innovativen Technik und neuer ästhetischer Ansprüche Gestaltungsprinzipien, die Generationen von Architekten beeinflußten.

Mit der Erkenntnis, daß dieser Bau eine Schlüsselstellung in der Wiederbelebung des Baumaterials Backstein einnimmt, wuchsen die Schwierigkeiten, sich Wissen über die Technik der Ziegel- und Formsteinherstellung im frühen 19. Jahrhundert anzueignen, zumal Literatur zu diesem Thema kaum existiert. Ein unlösbares Problem schien die Rekonstruktion des 15 m hohen Maßwerkfensters, das in seinen Ausmaßen von Stab- und Maßwerken ein technisches Problem darstellte und wohl nach dem II. Weltkrieg auf dem Gebiet der Denkmalpflege seinesgleichen sucht. Umfangreiche Recherchen, Literatur- und Archivarbeit dokumentierten unseren Stand einer fast in Vergessenheit geratenen Technik der Formsteinherstellung – ähnlich wie bei Schinkel. Eine bisher unbekannte Literaturquelle über die Formsteinherstellung der Friedrich-Werderschen Kirche und die Erfahrungen von Hedwig Bollhagen und ihren Mitarbeitern halfen bei der Lösung dieser komplexen Aufgaben. Intensive Steinarbeit am Bau deckte die Zusammenhänge der Formsteinprogramme für die verschiedenen Gesimse auf und legte dabei eine bestimmte Gesetzmäßigkeit dar.

Somit ist ein Beitrag zum Anknüpfen an die Backsteintraditionen entstanden, der die Komponenten einer Renaissance des Baumaterials Backstein im frühen 19. Jahrhundert analysiert und die Einflüsse untersucht, die zu einer Wiederbelebung des Baumaterials Backstein durch Schinkel führten. Das Buch von Manfred Klinkott »Die Backsteinbaukunst der Berliner Schule« (1988) vermittelt einen breiten Überblick dazu und ist eine wichtige Grundlage, um das Ergebnis der genauen, intensiven Steinarbeit über Technik und Gestaltung des Baues der Friedrich-Werderschen Kirche gegenüber den später entstandenen Backsteinbauten kritisch zu bewerten.

Die Erkenntnis, eingeordnet in den bauhistorischen Kontext, zeigt, daß sich mit der Friedrich-Werderschen Kirche nicht nur eine Materialästhetik sondern auch ein »Kompromißstil«, die »antikisierende Gotik«, entwickelte. Diese spiegelt den Konflikt zwischen Bauherrn und Architekten wider, der mich bei der Erarbeitung der Restaurierungskonzeption beeinflußte. Deshalb wird die Entwurfsgeschichte, obwohl im Schinkel-Lebenswerk P. O. Raves »Berlin – Band I« (1941) sowie in der sorgfältigen Monographie von Leopold Giese (1921) mit allen Vorbildern und Parallelbeispielen bereits behandelt, hier noch einmal im Hinblick auf diese Spezifik erläutert.

Diese Darstellung schafft den Zusammenhang zu den bisher noch nicht veröffentlichten Zeichnungen und Plänen, die unter Schinkels Regie während der Bauphase entstanden und die auf uns gekommene Gestalt der Kirche genau belegen.

Die dargelegten Zeichnungen aus der Bauzeit der Kirche stammen größtenteils aus einer bisher noch nicht publizierten Sammlung von Materialien des Landesarchivs Berlin, ergänzt durch Zeichnungen aus der Schinkelsammlung der Nationalgalerie der Staatlichen Museen Berlin und des Berlin Museums.

Für die Bereitstellung der Fotos möchte ich mich herzlich bedanken. Einige Rekonstruktionszeichnungen und Fotos der baulichen Maßnahmen runden die Arbeit ab.

Für Hinweise, Ratschläge und tatkräftige Hilfe bin ich vielen verbunden.
Zuerst möchte ich Oberkonservator Robert Graefrath, der mich bei der Erarbeitung und Leitung der Rekonstruktionsmaßnahmen beriet und unterstützte, danksagen.

Herrn Dr. Riemann, Kustos der Sammlung der Zeichnungen der Nationalgalerie, Staatliche Museen zu Berlin, habe ich viele Funde im Archiv zu verdanken. Ohne seine Hilfe, Ratschläge und Hinweise hätte ich Schinkels Arbeit nicht so umfassend durchdrungen.

Weiterer Dank gilt Frau Martini, die mich durch ihr Wissen in alle »Geheimnisse« der Staatsbibliothek einwies und mir somit Zugang zu seltener Literatur verschaffte.

Frau Prof. Dr. Kühn war während der Zeit meiner Arbeit eine rege Diskussionspartnerin. Ebenso stand für alle Rückfragen Prof. Dr. Junecke stets zur Verfügung, dafür möchte ich mich herzlich bedanken. Mit seinen kritischen Hinterfragungen hat mich Prof. Dr. Pieper um Erkenntnisse ringen lassen und somit vorangebracht. Wichtige Hinweise zur Technik der Backsteinherstellung erhielt ich von Prof. Dr. Dierks, der sich intensiv mit meiner Arbeit auseinandersetzte, auch dafür möchte ich mich herzlich bedanken. Weitere wichtige Ratschläge gab mir Prof. Dr. Engel, und Prof. Dr. Neumeyer beeinflußte durch seine intensive Kritik die letzte Überarbeitung.

Daß die Arbeit in der vorliegenden Form erscheinen kann, ist einem großzügigen Druckkostenzuschuß des Förderungs- und Beihilfefonds Wissenschaft der VG Wort und der sorgfältigen Betreuung durch den Verlag zu danken.

Technische Anmerkung: *kursiv* Gedrucktes betrifft Zitate mit Schinkels Aussagen und Schriften

Abkürzung: KOBD – Königliche Oberbaudeputation

f   – hinter der Angabe im Personen- und Ortsregister bedeutet, daß diese Angabe in der Fußnote der entsprechenden Seite zu finden ist

1. Kapitel:
ZUR ENTWURFSGESCHICHTE

1.1. DIE BAUAUFGABE

»... So schwierig ist das ein solches Unternehmen in unseren Tagen, die hundertunddreißig verschiedenen Arten von Formsteinen, von denen jeder Sorte so verschiedene Quantitäten erfordert werden, wollen Zeit und Mühe haben und die Sicherheit des Gelingens bleibt allemal zweifelhaft ...«[1]

Diese Worte schrieb Karl Friedrich Schinkel an den Münchner Baumeister Leo von Klenze im Jahre 1834 zum Bau der Bauakademie in Berlin. Dabei konnte Schinkel zu dieser Zeit schon seinen ersten repräsentativen ziegelsichtigen Backsteinbau, die Friedrich-Werdersche Kirche, vorweisen. Diesem Baumaterial haftete damals trotz der bereits gewonnenen Erfahrungen noch immer die Ungewißheit und der Zweifel am Gelingen an.

Karl Friedrich Schinkel verwendete beim Bau der Friedrich-Werderschen Kirche zum ersten Mal seit Jahrhunderten im Berliner Raum ziegelsichtigen Backstein und entwickelte damit neue technische und ästhetische Prinzipien, auf denen Generationen von Architekten aufbauten.

Die Wiederanknüpfung an frühere Backsteintraditionen in einer sachgemäßen, dauerhaften Konstruktion bei einem religiösen Gebäude ist eine umwälzende Idee, deren Hintergründe und Einflüsse sich bereits in der Entwurfsphase zeigten.

Der Backsteinbau der Friedrich-Werderschen Kirche vereint in seiner gestalteten Architektur die kulturellen Strömungen der ersten Hälfte des 19. Jahrhunderts. Die Stilwahl blieb dabei dem Architekten nicht freigestellt. Unter dem Einfluß des Kronprinzen, dem späteren Friedrich Wilhelm IV., löste Schinkel den Konflikt zwischen »antikisierend« bauen zu wollen und »gotisch« zu müssen in einer Stilverschmelzung, seiner »antikisierenden Gotik«.

Mit einer Folge von Entwürfen im »gotischen Stil« beginnt Schinkel 1810 seine Tätigkeit als Oberbauassessor der Königlichen Oberbaudeputation (KOBD). Dem Entwurf für ein Mausoleum der Königin Luise im Jahre 1810 folgten der Neubauentwurf für die Petrikirche von 1810/11, das Renovierungsprojekt der Klosterkirche von 1813 und im Jahre 1814 erste Entwürfe eines Domes als Denkmal für die siegreich beendeten Befreiungskriege.

Die Gotik wurde in der Zeit der Befreiungskriege als ein nationaler, ein deutscher Stil angesehen[2], als eine Etappe im kulturhistorischen Prozeß der Auseinandersetzung mit der

---

[1] Bayerische Staatsbibliothek München, Brief Schinkels an Klenze vom 20. Nov. 1834, Klenzeana XV, Schinkel

[2] J. D. Fiorillo, »Geschichte der Kunst und Wissenschaft seit der Wiederherstellung derselben bis an das Ende des achtzehnten Jahrhunderts, zweite Abteilung Geschichte der zeichnenden Künste«, Bd. II, Göttingen 1801, S. 379
Hier wird der gotische Begriff durch die »Teutsche Architektur« ersetzt.
Die Begründung liefert Fiorillo mit der Aachener Pfalzkapelle, da hier »... die erste Probe einer

Tradition des eigenen Volkes. Dabei war es das Ziel, das Nationalgefühl mit dem Bewußtsein geistiger Zusammengehörigkeit über die Standesschranken und die Grenzen der nationalen Zersplitterung hinweg zu entwickeln[3]. Die phantasievolle Rezeption des Mittelalters sollte die Kraft des Volkes widerspiegeln, und die gotische Baukunst wurde zur Architektur des echten Christentums, mit der Natur verwachsen[4]. In Gemälden und Bühnenbildern entwickkelten sich Schinkels gotische Phantasien bis zur Vollendung und Übersteigerung der Formensprache. Der gotische Dom als Denkmal wurde nie gebaut, es blieb eine visionäre Gotikkonzeption. Seine Gotik war phantasievoll gesteigert, ja übersteigert, denn es stellt sich die Frage, ob die hier aufgezeigten filigranen, ausgemagerten und diaphanen Strebepfeiler, Strebebögen, Fialen, Wimperge, Türmchen, Fensterkonstruktionen und Wandflächen wirklich hätten ausgeführt werden können.

In seinem 1813 geschaffenen Gemälde »Gotischer Dom am Wasser« steht der Dom wie ein Denkmal über einer historisch gewachsenen Idealstadt und vereint mittelalterliche und antikisierende Gebäude (Abb. 1). Schinkels Grundhaltung zur Antiken- und Gotikrezeption wird hier deutlich. In einem gleichberechtigten Nebeneinander antikisierender und gotischer Bauwerke entsteht eine Stadtlandschaft.[5] Die Gotikkonzeption dieser Jahre und der Jahre kurz nach den Befreiungskriegen steht nicht im stilistischen Zusammenhang mit der gebauten Friedrich-Werderschen Kirche. Mit der Bauaufgabe an diesem exponierten Ort verband Schinkel die Idee, das Gotteshaus, die Umgebung und den Platz als architektonische Einheit zu gestalten und sah die *»allereinfachste Anordnung nach dem Muster antiker Gebäude«*[6] dafür vor. Er entwarf diese Kirche unter dem Aspekt des Machbaren.

gemischten Römisch-Gothischen, Lombardischen und Arabischen Architectur , woraus in der Folge das sogenannte neuere Gothische enstanden ist, die ... von den Deutschen Künstlern zur höchsten Vollkommenheit gebracht wurde ...«, ebenda Bd. III, Göttingen 1805, S. 15–16

Im Jahr 1831 wird von Carl Friedrich v. Rumohr, J. D. Fiorillos Schüler, in seinen »Italienische Forschungen«, III. Theil, Berlin, Stettin 1831, S. 170, darauf hingewiesen, daß auch die Franzosen und Engländer in dieser Bauart eigentümliche Formen entwickelten und der Begriff der »deutschen Architektur« nicht gerechtfertigt sei.

[3] Mit der Wiederentdeckung der alten Baupläne des Kölner Doms – die Suche war durch J. Sulpiz Boisserée angeregt – reifte auch die Idee 1814, den Kölner Dom als Nationales Denkmal zu vollenden. Im Jahre 1833 übernahm E. F. Zwirner, Schinkels Schüler, die Wiederherstellung und arbeitete dazu eigene Pläne aus, abweichend von Schinkels Ideen, die sich am Mittelalter orientierten.

[4] Dieser romantische Gedanke des Verschmelzens von Architektur und Natur zu einer organischen Einheit wird bei Tieck deutlich: »... dunkle Alleen mit hohen Bäumen, die sich oben wie das Dach einer Kirche wölben«, Ludwig Tieck, »Ludwig Tiecks Schriften, William Lovell«, 6. Band, Berlin 1826, S. 339

[5] Für die Jungfrau von Orléans von Friedrich Schiller entwarf Schinkel im Jahre 1817 drei von zehn Bühnendekorationen und wählte dabei die Kathedrale von Reims als Vorbild. Diese Architektur übernimmt Schinkel nicht naturgetreu, sondern übersteigert sie in seinem Sinne. Die Kathedrale befindet sich erhöht auf einem Sockel, als Symbol für den Sieg Johannes' über die Engländer. Vor dem Mittelportal steht ein langgestreckter spitzbogiger Arkadenportikus. Das Maßwerk über der Mittelrose und in den Portalen ist verändert, die Proportionen der Wimperge sind überhöht. Dabei lebt die Entwurfsidee des Domes als Denkmal für die Befreiungskriege nochmals auf.

Vgl. dazu Zeichnung in der Schinkelsammlung, Sammlung der Zeichnungen, Nationalgalerie, Staatliche Museen zu Berlin, Mappe SM-Th 24, abgebildet im Ausstellungskatalog »Karl Friedrich Schinkel Architektur Malerei und Kunstgewerbe«, Berlin 1981, S. 281, 281 b

[6] Gutachten der KOBD, Schinkel, 23. Februar 1821.

Leopold Giese, »Die Friedrichswerdersche Kirche zu Berlin« Berlin 1921, S. 54

Abb. 1 Gotischer Dom am Wasser, Gemälde von Karl Friedrich Schinkel, 1813, Kopie von Wilhelm Ahlborn 1823

Die erste Kirche auf dem Friedrich-Werder entstand mit der Selbständigkeit der dritten Gemeinde im Jahre 1699.

Nach den Plänen Martin Grünebergs baute Giovanni Simonetti ein ehemaliges Reithaus auf einem langen schmalen Grundstück für diesen Zweck um. Den zweigeschossigen, an den Längsseiten von 19 Fensterachsen gestalteten Putzbau gliederten zwischen den rundbogigen Fenstern sitzende Lisenen. Den langgestreckten Bau teilte bis in das Walmdach ein Mittelrisalit mit unvollendetem Turmaufsatz. Der Bau wurde im Innern so umgestaltet, daß die deutsche und die französische Gemeinde in zwei getrennten Räumen Platz fanden [7]. Zu Beginn des 19. Jahrhunderts hatte sich der bauliche Zustand der Doppelkirche stark verschlechtert, so daß umfangreiche Rekonstruktionsmaßnahmen erforderlich wurden.

Ein erstes Gutachten zur Situation entstand im Jahre 1812, und ein zweites erarbeitete 1813 die Königliche Oberbaudeputation.

---

[7] Als Folge des Edikts von Potsdam (1685), mit dem der Große Kurfürst die reformierten Franzosen nach Brandenburg rief, sind etwa 12 000 Glaubensvertriebene, davon 6000 in Berlin, ansässig geworden.

1.2. Schinkels erster Entwurf 1817

Die Reparaturpläne für das desolate Gotteshaus wurden bald aufgegeben, und es kam 1817 unweit des alten Standortes zu dem ersten Neubauentwurf, der zwei getrennte Gotteshäuser vorsah. Der Entwurf ist in Schinkels Stadtverschönerungsplan von 1817 enthalten. Die zwei Neubauten trennt der als Symmetrieachse fungierende Wasserarm. Die Darstellungsart läßt es nicht zu, die Entwürfe als »gotisch« oder »antikisierend« zu charakterisieren. Die beiden rechteckigen Kirchen, zur Beherbergung der deutschen und der französischen Gemeinde, schließt nach Süden je eine Halbrundapsis ab. Sie umgibt ein angestautes Wasserbecken. Die Kirchen über dem Wasser – gesteigert durch baumreihenbepflanzte Uferzonen und das Spiegelbild –, welch romantische Idee! (Abb. 2)

Als Standort sah Schinkel eine Stelle östlich des alten Baues vor (hier wurde die Bauakademie errichtet).

Der Lauf des Kupfergrabens sollte verändert werden und zwischen den im Grundriß gleich gestalteten Kirchen hindurchführen. Der Eingang der Kirchen orientierte sich zur Straße unter den Linden hin. Dieser Idealplan war ohne Rücksicht auf die tatsächlichen Grundstücksgegebenheiten entstanden und formulierte die Idee der Einordnung der Kirchen in das städtebauliche Gefüge.

Einige grundlegende Gedanken dieses Idealplanes, wie der Zusammenschluß der Straße unter den Linden, der Plätze am Opernhaus und am Zeughaus über die Schloßbrücke mit dem Lustgarten, fanden ihre Verwirklichung, jedoch der Vorschlag zur Friedrich-Werderschen Kirche blieb in der Planung unberücksichtigt.

1.3. Entwurf als römischer Tempel 1821

Der Dom als nationales Denkmal für die Befreiungskriege wurde nicht mehr gebraucht, denn die nationale Vereinigung nach den Befreiungskriegen fand nicht statt. An die Stelle des erhofften Deutschen Nationalstaates trat ein loser Staatenbund, der Deutsche Bund, unter Vorsitz Österreichs, der eine Restauration der deutschen Territorialstaaten förderte. Es kam zu keiner Demokratisierung durch eine Verfassung, sondern nach den Karlsbader Beschlüssen von 1819 verschärfte sich die politische Situation.

Die Universitäten wurden überwacht und eine Buch- und Pressezensur eingeführt. Damit hatte die liberale Phase in Preußen ihr Ende gefunden. Die politische Enttäuschung und Ernüchterung, die jetzt eintraten, schufen die Basis für die Hinwendung zu einer neuen idealen Welt, der griechischen Antike. Es setzte ein Streben nach Bildung und Persönlichkeitsentfaltung ein. Grundlage dafür waren Arbeiten Johann Joachim Winckelmanns zur griechischen Antike und die wiederentdeckten griechischen Tempel.

Bei Schinkel äußerten sich diese neuen gesellschaftlichen Bedingungen in der Abwendung von der Gotik, die in seinen Entwürfen und Konzepten zu belegen ist.

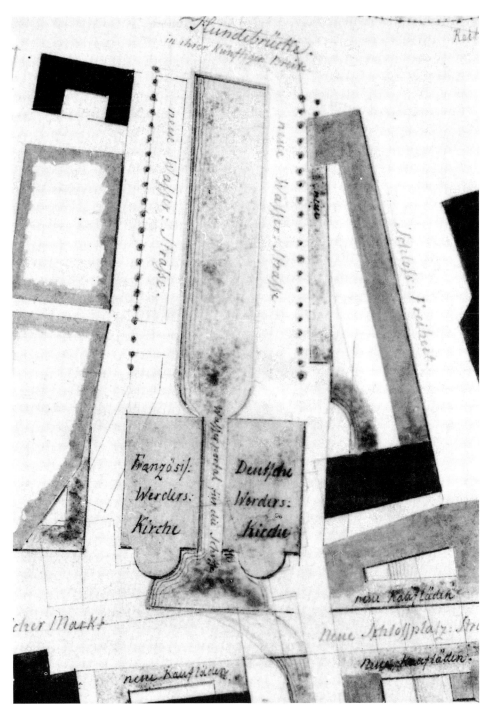

Abb. 2 Bauplan für die Innenstadt (Ausschnitt), Zeichnung K. F. Schinkel, 1817, Feder, Tusche, farbig angelegt

Er wurde von den Theorien Karl Wilhelm Ferdinand Solgers beeinflußt, der im Jahre 1811 einem Ruf an die neue Berliner Universität gefolgt war und Vorlesungen über Logik, Dialektik und Ästhetik hielt.

Mit Solger verband Schinkel, besonders in den letzten Jahren vor dessen Tod (1819), eine engere Freundschaft[8].

Diesem Freundeskreis gehörte auch Friedrich Tieck an, der sich in einem regen Briefwechsel mit Solgers philosophischer Rechtslehre und Religionsphilosophie auseinandersetzte.

Solgers Ablehnung der Romantik und seine Hinwendung zu den Idealen der Antike kommt im Jahre 1815 in der Beschäftigung mit den Lehren Macchiavellis zum Ausdruck[9]. Solger beeinflußte Schinkel mit seiner Haltung zum romantischen Idealismus, der für ihn ein »Sentimentalisieren und Idealisieren«, welches aus innerlicher Liederlichkeit hervorgeht, bedeutete.

Auch Goethe mit seiner Farbtheorie, mit den Arbeiten über die Wissenschaft bei den Griechen und das Verhältnis von Kunst und Wissenschaft beeindruckte Schinkel[10] auf der Suche nach neuen Wegen der Erziehung des Menschen durch die Architektur, die das griechische Ideal mit ihrem Anspruch auf Bildung, Menschenrechte und Menschenwürde verkörperte. Er griff dabei auf antike Stilelemente zurück, die er für die neuen Bauaufgaben in seinem Sinne rezipierte, und setzte sie für Theater- und Museumsbauten ein.

Mit der Aufgabe, Reparaturpläne für die alte Friedrich-Werdersche Kirche zu erarbeiten, forderte König Friedrich Wilhelm III. zu Beginn der zwanziger Jahre auch Pläne zum Neubau der Kirche.

Daran beteiligten sich 1820 der Hofbauinspektor Johann Gottlieb Schlaetzer und der Altertumsforscher Alois Hirt mit Entwürfen in antikisierenden Stilformen, die der Königlichen Oberbaudeputation zur Revision vorgelegt wurden. Schinkel nahm die Bewertung vor und setzte seinem kritikreichen Gutachten einen Gegenvorschlag hinzu. Ein Skizzenblatt[11] stellt flüchtig die Entwürfe von Schlaetzer und Hirt dar. Schinkels Idee ist ebenso locker in perspektivischer Ansicht und im Grundriß am unteren Blattende gezeichnet. Es zeigt die Kirche in der Form einer Tempelarchitektur, die Schmalseiten von einem Portikus gestaltet und die Längsseiten von Halbrundsäulen gegliedert. Die Apsis liegt im Innern und stört die äußere Symmetrie der Kirche nicht, deren Schmalseiten Tempelfronten begrenzen, wie es in ähnlicher Weise bei der 1821 geplanten und 1828 vollendeten kleinen Kirche in Kuhlhausen verwirklicht

[8] Goerd Peschken, Schinkel-Lebenswerk, »Das Architektonische Lehrbuch«, Berlin, München 1979, S. 38–39

[9] In einem Brief an Tieck schrieb Solger über die Lehren Macchiavellis: »Unser eigentliches Modernes besteht in dem Sentimentalisieren und Idealisieren; welches aus innerlicher Liederlichkeit hervorgeht, und das ist doch wohl ganz und gar nicht seine Sache. Gegen diese Sinnesart hat seine reine Gleichgültigkeit etwas Großartiges, wie es die Alten hatten, selbst in ihrer Bosheit. Wenn man besonders die jetzige Denkungsart über Staatssachen recht betrachtet, worin die Menschen ihre Ruchlosigkeit, Nichtachtung des Rechts, Vorwitz usw. vollkommen als Eins ansehen mit Menschenbeglückung und Erhebung des Staats zu Ideen, gerade wie liebeschwärmende Huren, so bekommt man Respect vor Machiavell.« L. Tieck / F. Raumer, Herausgeber, »Solgers nachgelassene Schriften und Briefwechsel«, Bd. 1, Leipzig 1826, S. 407–408

[10] Gustav Friedrich Waagen, »Karl Friedrich Schinkel als Mensch und Künstler«, Berlin 1844, Reprint 1981, S. 362–363

[11] Schinkelsammlung, Sammlung der Zeichnungen, Nationalgalerie, Staatliche Museen zu Berlin, Mappe XX b 66

wurde.[12] Eine ausführungsreif gezeichnete Perspektive zu diesem antikisierenden Entwurf zeigt den Tempel mit korinthischer Säulenordnung und dem im Hintergrund angegebenen Campanile (Abb. 3).

Abb. 3 Entwurf zur Werderkirche, Zeichnung K. F. Schinkel, 1821, Tusche über Bleistift

Der Entwurf vom Frühjahr 1821 ist in dieser Form einmalig für Schinkel. Er plante, die Funktion einer christlichen Kirche in die Architektur eines antiken Tempels einzupassen. Als Material für Basen, Kapitelle, Säulenschäfte und Gesimse sah Schinkel Ziegelmaterial vor[13]. Daß er mit der Materialangabe auch die Vorstellung hegte, diese zu den horizontal gefugten Putz- oder Werksteinwänden, im Gegensatz zu den antiken Vorbildern, ziegelsichtig stehen zu lassen, ist wohl kaum anzunehmen.

Zur Verwirklichung dieses Gedankens mußte die technische Basis der Formstein- und Ziegelherstellung weiter gefördert werden. Denn korinthische Kapitelle aus gebranntem Ton

---

[12] Junecke / Abri, Schinkel-Lebenswerk, »Provinz Sachsen«, »Die Kirche zu Kuhlhausen«, Erscheinen 1992 geplant

[13] Schreiben Schinkels an das Ministerium vom 13. März 1821, in Paul Ortwin Rave, Schinkel-Lebenswerk, »Berlin – Teil I«, Berlin 1941, S. 259

zu fertigen, war eine technische Herausforderung. Schinkel sah auf Weisung des Ministers Graf von Bülow die Joachimstaler Ziegelei, die qualitätvolle Steine bei den Schleusenbauten des Finowkanals lieferte, als Steinlieferant vor.

Die Entwürfe Hirts, Schlaetzers und Schinkels wurden auf einer von dem Grafen von Bülow einberufenen Konferenz näher besprochen, und die Vorlage beim König vorbereitet[14]. Der Minister von Hardenberg erhielt auf Befehl des Königs alle Unterlagen, um sie ihm dann nach der Durcharbeitung mit einer entsprechenden Empfehlung einzureichen. Jedoch kam es zu keiner Entscheidung, da der Kronprinz und spätere Friedrich Wilhelm IV. seinen Einfluß auf den Entwurf geltend machte. Alle drei Pläne verband der Charakter des Klassizismus, und den lehnte er ab, stattdessen wünschte er sich eine Kirche im Mittelalterstil[15].

1.4. Entwurf einer Wandpfeilerkirche 1823–1824

Die Planungen kamen zum Stillstand, bis Schinkel einen weiteren, für ihn sehr wichtigen Entwurf einreichte.

Er versuchte eine Antikenrezeption in Verbindung mit den zwingenden Argumenten der preußischen Sparsamkeit. Dieser Entwurf fand in den Akten keine Erwähnung, vermutlich reichte ihn Schinkel gar nicht ein, sondern veröffentlichte seinen »Idealentwurf« 1826 in dem Heft 8 seiner »Sammlung architectonischer Entwürfe«.

Die Vorstellungen eines antiken Tempels sind weit weggerückt. Schinkel entwarf eine 4-achsige Wandpfeilerkirche, an der Platzseite (Süden) mit einem großen Portal in einer Halbrundnische und nach Norden von einem Chorpolygon abgeschlossen. Der Glockenturm steht frei (Abb. 4).

Mit dem Entwurf dieser Eingangsfassade wollte er ein Pendant zu dem von Heinrich Gentz 1798 bis 1800 errichteten Münzgebäude auf dem Werderschen Markt schaffen. Besonders der Glockenturm und die Eingangsfassade sollten auf die Platzarchitektur wirken, während die eng umbauten Seitenfassaden nur durch vier einfache rechteckige Fenster gestaltet sind.

Die Wandpfeilerkirche charakterisieren die nach innen gezogenen, die Kuppel tragenden »Widerlagspfeiler«[16]. Vier hintereinander folgende, durch Gurtbögen getrennte Pendentifkuppeln schließen den Kirchenraum nach oben ab. Zwischen den Pfeilern spannen sich von ionischen Säulen getragene Emporen (Abb. 5). Über das Material ließ sich keine Aussage finden.

Aber aus der schlechten ökonomischen Situation in Preußen und der antikisierenden Entwurfshaltung – mit giebelbekrönter, von Pilastern gerahmter Eingangsarchitektur, gequa-

[14] Einladung am 25. März 1822, Teilnehmer waren Oberlandesbaudirektor Eytelwein, Geheime Oberbauräte Schinkel, Günther und der Baurat Schlaetzer, Ergebnisse sind urkundlich nicht erwähnt, L. Giese, 1921, S. 80

[15] K. F. Schinkel, »Sammlung architectonischer Entwürfe von Schinkel«, Heft 13, Berlin 1829, Textteil

[16] K. F. Schinkel, »Sammlung architectonischer Entwürfe von Schinkel«, Heft 8, Berlin 1826

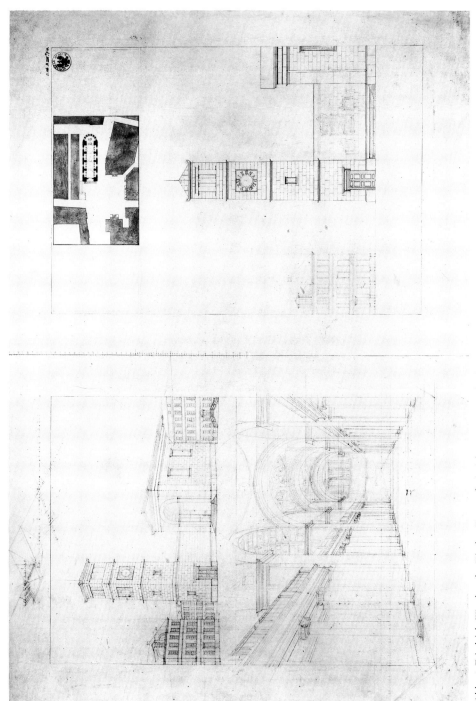

Abb. 4 Friedrich-Werdersche Kirche, Entwürfe, Zeichnung K. F. Schinkel, um 1823–1824, Feder, Tusche, Bleistift

Abb. 5 Friedrich-Werdersche Kirche, Entwurfszeichnung zum Innenraum, um 1823/24, K. F. Schinkel, Feder, Tusche

derten Wänden, ionischen Säulen im Innern und dem sakralen Element Kuppel – läßt sich auf eine werksteinimitierte Putzfassade und für den Kirchenraum auf Materialimitationen schließen.

1.5. Gotischer Entwurf 1823–1824

Der Kronprinz nahm in Abwesenheit seines Vaters[17] alle wichtigen Entscheidungen, die das Kunst- und Baugeschehen betrafen, wahr und benutzte die Gelegenheit, direkt auf den Entwurf der Friedrich-Werderschen Kirche einzuwirken.

Er setzte seine Forderung nach einem »gotischen Stil« durch. Denn Schinkel formulierte diesen Zwang diplomatisch pointiert:

» ... *Es wurden unter noch mehreren anderen Entwürfen, die ich damals bearbeiten mußte, auch einer im Mittelalterstil verlangt* ...«[18]

Für Schinkel waren die romantischen Strömungen, die ihn zu seinen hochentwickelten Gotikphantasien angeregt hatten, nicht mehr vorhanden. Den Rückgriff auf mittelalterliche Formen empfand er als ein Merkmal für gegenaufklärerische Tendenzen. So war sein Bestreben, den von ihm geforderten Stil, »... *den angenommenen Mittelalterstil in größter Einfachheit durchzuführen* ...«[19]. Fragen von Material und Konstruktion traten dabei in den Vordergrund.

Schinkel war zu Beginn der zwanziger Jahre von den Idealen der klassischen griechischen Baukunst erfüllt. Er entwarf das Alte Museum, Schloß Charlottenhof und das Casino in Glienicke. Das Schauspielhaus, die Wache und Schloß Tegel waren bereits in diesem Sinne ausgeführt. Trotz dieses Widerspruches sah er es als Herausforderung an, den befohlenen »Gotischen Stil« mit der antikisierenden Formenwelt zu verbinden und die Synthese unter Verwendung traditionellen Materials mit neuen Techniken umzusetzen. Diesen Gedanken formulierte Schinkel schon 1815 in seinem Begleittext zu den Entwurfsblättern für seinen »Freiheitsdom«.

»... *eine Kirche in dem ergreifenden Stil altdeutscher Bauart, einer Bauart, deren völlige Vollendung der kommenden Zeit aufgespart ist, nachdem ihre Entwicklung in der Blüte durch einen wunderbaren und wohltätigen Rückblick auf die Antike für Jahrhunderte unterbrochen ward, wodurch, wie es scheint, die Welt geschickt werden sollte, ein dieser Kunst noch fehlendes Element in ihr zu verschmelzen* ...«[20]

Unter dem Einfluß des Kronprinzen zeichnete Schinkel erste Entwürfe im Mittelalterstil (Abb. 6). Dabei wandte er Typologien mittelalterlicher Formensprache in der Fassengliede-

---

[17] Z. B. ein längerer Italienaufenthalt 1822
[18] K. F. Schinkel »Sammlung architectonischer Entwürfe von Schinkel«, Heft 13, Berlin 1829
[19] K. F. Schinkel »Sammlung architectonischer Entwürfe von Schinkel«, Heft 13, Berlin 1829
[20] 2. Denkschrift zum Entwurf des Freiheitsdomes 1815, Schinkelsammlung, Sammlung der Zeichnungen, Nationalgalerie, Staatliche Museen zu Berlin, in P. O. Rave, Schinkel-Lebenswerk, »Berlin – Teil I«, Berlin 1941, S. 196

Abb. 6 Skizzen zur Werderkirche, Zeichnung K. F. Schinkel, um 1824, Bleistift

rung, wie eine Doppelturmanlage mit Fialabschluß, Spitzbogenfenster, Strebepfeiler, Horizontal- und Vertikalbetonungen und Doppelportale, an. Über der einfachen Turmfront zeichnet sich ein angedeuteter Helm ab. In einer weiteren Skizze variiert die Doppelturmfassade mit einer einfachen Turmfront und spitzem Helm. Jedoch dominiert der Entwurf mit reichem »Westwerk« und übergiebelten Maßwerkfenstern, das mit dem Doppelportal sich zu einem Gesamtmotiv zusammenschließt. Die Strebepfeiler enden in dem Traufgesims unter der Balustrade (Abb. 7). Auch der Kronprinz entwickelte seine Vorstellungen – eine Doppelturmanlage mit flachem Turmabschluß und Fiale beeinflußt durch den Perpendicular Style, den die Betonung der vertikalen Dekorationselemente, große Vergitterungen der Wandflächen und gerade Chorabschlüsse prägen. Aus dieser Entwurfsphase sind auch mehrere Entwürfe des Kronprinzen bekannt, die deutlich das Wechselspiel zwischen Architekten und Bauherrn aufzeigen (Abb. 8). Das Blatt stellt die Kirche von Süden dar, eine von Fialen bekrönte Doppelturmfront. Nach Westen schließt den Platz eine reich gegliederte Wand ab. Hinter dieser verbergen sich baufällige Traufhäuser, die Giebelwände dem Platz zugewandt. Städtebaulich entstand mit dem Einrücken der Kirche eine Platzsituation, die nach Westen keine geschlossene Platzansicht bot. Vom Kronprinzen kam die Idee, die unansehnlichen Häuser hinter einer Halle zu verbergen. Dieses Projekt wurde aus finanziellen Gründen aufgegeben. Dann schuf Schinkel die Variante, die Halle durch eine arkadenbogige fünfachsige Scheinfassade auszuwechseln und versuchte als eine weitere einfachere Möglichkeit, die baufälligen Häuser durch eine Mauer in Höhe des Sohlbankgesimses der Kirche vom Platz abzutrennen.[21] Um das zu umgehen, wurde der Abriß dieser baufälligen Häuser vorgeschlagen, den der König ablehnte. Erst in den Jahren 1837–1839 entstanden hier dreistöckige Häuser mit ausgebautem Dachgeschoß.

Es gab mehrere sehr bekannte englische Publikationen, an denen die »englische Gotik« genauestens studiert wurde, so Brittons »The Architectural Antiquities of Great Britain« (1807–1826) und Loggans »Oxonia Illustrata« (1675).

Die Anregungen aus diesen Studien verarbeitete Schinkel in seinem »*englischen Chapel Entwurf*«[22] im März 1824. Der für die Kirche vorgesehene schmale und langgestreckte Bauplatz wirkte sich auf die Grundrißgestaltung aus. Der Entwurf zeigt ein dreiachsiges Langhaus, an den Schmalseiten von je einer Doppelturmfront begrenzt (Abb. 9).

Das flache Satteldach des Schiffes verbirgt sich hinter einer Attika. Die Türme enden stumpf gegen den Himmel. Die Seitenfront öffnen drei spitzbogige Fenster mit vierachsigem Stab- und reichem Maßwerk. In der Doppelturmfassade sitzt über dem Doppelportal ein sechsachsiges Maßwerkfenster. Unter dem Traufgesims befindet sich ein Akanthusblattfries, ein antikes Element, das in diesem Kontext fremd wirkt. An der Rückfront schließt sich der Teil des alten Kirchenhauses der französischen Gemeinde an, welcher später, nach der Schrumpfung der Gemeinde, einfach abgerissen werden sollte. Damit wäre der Bauplatz für die spiegelseitige Verlängerung der Kirche entstanden. Schinkel schrieb zu dem Entwurf seiner Vierturmanlage:

---

[21] M XLIV d 181, M XLIV d 178, Schinkelsammlung, Sammlung der Zeichnungen, Nationalgalerie, Staatliche Museen zu Berlin

[22] »*... deshalb hielt ich es für zweckmäßig, dem Gebäude mehr den Charakter der englischen Chapels zu geben ...*«, Begleittext Schinkels zum »Chapelentwurf«, 2. März 1824, in P. O. Rave, Schinkel-Lebenswerk, »Berlin-Teil I«, Berlin 1941, S. 269

»... In dieser etwas engeren Gegend der Stadt, die durch die Unregelmäßigkeit ihrer Straßenanlagen sich dem Alterthümlichen nähert, dürfte eine Kirche im Mittelalterstil wohl an ihrem Platze sein. Da jedoch die Baustelle nicht sehr groß ist, so würde es nicht geraten sein, dem Plan größerer Dome aus dem Mittelalter zu folgen; deshalb hielt ich es für zweckmäßig, dem Gebäude mehr den Charakter der englischen Chapels zu geben, worin einige große Verhältnisse wirken und das Ganze sich eng zusammenschließt. Hierbei dürfte der Vorteil sein, daß wenn man in folgenden Zeiten auch die französische Kirche erneuern wollte, der Bau in der gleichen Art fortgeführt und am Ende wieder mit zwei Glockentürmchen geschlossen werden könnte, wodurch sich dann sechs Türmchen über der Masse erhöben und gewiß von mehreren Seiten aus der Ferne eine imposante Wirkung machen würden. Die Säulen der schmalen Emporenkirchen in der Kirche, sowie das Fenstersprossenwerk und die Dachgeländer auf Kirche und Türmen könnten aus Gußeisen sein, das ganze übrige Gebäude würde aus Backstein erbaut und bliebe in sorgsamer Maurerarbeit ohne Abputz, wie die Kirchen des Mittelalters unserer Gegenden.

In den Fenstern könnten Glasmalereien angebracht werden, da diese Kunst jetzt Fortschritte macht. Die Kugeln auf den Spitzen der Türme können vergoldet werden, um das Gebäude schön zu krönen. Die perspektivische Ansicht, die ich entworfen habe, zeigt möglichst genau das Verhältnis der Kirche zu den umliegenden Privathäusern und zum ganzen Platz ...«[23]

Schinkel verwendete hier als Baumaterial Backstein, und ein großartiger Einfall ist der Einsatz von Gußeisen für die Säulen der Emporen und die Balustrade. Die Idee der gußeisernen Emporen wurde in dem späteren Bau aus Kostengründen nicht verwirklicht. Bereits zehn Jahre danach war die Technologie zur Herstellung von Gußeisen so weit entwickelt, daß bei dem Entwurf eines Tabernakels für den Schwedenkönig Gustav Adolf in Lützen der gußeiserne Entwurf gegenüber der Variante aus Stein bevorzugt wurde. Ein Grund dafür war der günstigere Kostenanschlag für das Bauwerk aus Gußeisen mit 4210 Rthalern gegenüber dem steinernen mit 5500 Rthalern[24].

Der König wies die Vierturmanlage, die in seinen Augen keine wirkliche Konzeption zur Beherbergung der französischen Gemeinde enthielt, zurück. Die Unterbringung der französischen Gemeinde in den Resten der alten Kirche war unzumutbar, und er strebte die Unterbringung beider Gemeinden unter einem Dach an. Daraufhin variierte Schinkel diesen Entwurf als Mittelturmanlage und als Doppelturmanlage mit polygonalem Chorabschluß.

Zur Vorlage beim König erarbeitete er ein Blatt, auf dem er seine vier Vorzugsvarianten darstellte (Abb. 10).

Dabei ging er diesmal nach dem Willen des Königs von dem Gedanken aus, die Kirche für beide Gemeinden im Innern mit einer Trennwand zu errichten, die später, wenn kein Bedarf mehr bestünde, herausgenommen werden konnte.

Schinkel ließ der Gedanke eines antiken Tempels an diesem Ort nicht los, da dieser gut mit der Formensprache des von Heinrich Gentz entworfenen Münzgebäudes korrespondiert hätte. Er schuf Varianten in korinthischer und dorischer Säulenordnung.

Die beiden Varianten sind im Norden von einem hoch aufragenden Rundbau begrenzt, der in sich eine Kuppel birgt.

---

[23] Begleittext Schinkels zum »Chapelentwurf« vom 2. März 1824, P. O. Rave, 1941, S. 269–270

[24] Junecke/Abri, Schinkel-Lebenswerk, »Provinz Sachsen«, »Das Denkmal des Schwedenkönigs Gustav Adolf in Lützen«, Veröffentlichung 1992 geplant

Abb. 7 Skizzen zur Werderkirche, Zeichnung K. F. Schinkel, um 1824, Bleistift

Abb. 8 Friedrichswerdersche Kirche, Ansicht mit Umgebung, Entwurfszeichnung, Kronprinz, späterer Friedrich Wilhelm IV., 1824?, Bleistift

Abb. 9 Werderkirche, Entwurf mit 4 Türmen, Zeichnung K. F. Schinkel, um 1823–1824, Bleistift

Daneben stellt er – zur Vorlage beim König – über der gleichen Grundrißausdehnung die zwei gotisierenden Entwürfe dar. Sie sind in ihrer kubischen Formensprache, wie schon die Vierturmanlage, dem »Englischen« sehr verwandt. Auch sind typische klassische Gestaltungselemente, wie der Akanthusfries unter dem Traufgesims und das hinter einer Attika verborgene Dach, in die Fassadenarchitektur einbezogen. Im März 1824 entschied sich der König für den zweitürmigen Entwurf in Backstein, der dann auch ausgeführt wurde.

1.6. Die Antike, englische und deutsche Gotik – Einflüsse auf die Gestalt der Friedrich-Werderschen Kirche

Das Erscheinungsbild der Friedrich-Werderschen Kirche mit all ihren Gestaltungselementen, die sich an der englischen und deutschen Gotik und der Antike orientieren, wurde bereits im Zusammenhang mit der letzten Entwurfsphase erläutert. Bei dieser Kirche tritt die Tektonik des Baukörpers mit klarer Materialästhetik gegenüber der geschichtlichen Anregung als eigener Wert hervor (Abb. 11). Schinkel verwendete die verschiedenen Typologien als Impulse, um einen neuen Stil zu entwickeln. Die Verwandtschaft bestimmter Gliederungen am Äußeren der

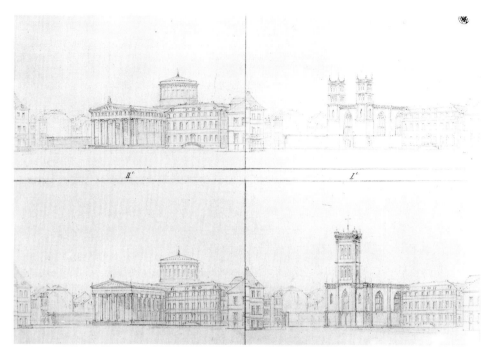

Abb. 10 Entwürfe zur Werderkirche, Zeichnung K. F. Schinkel, 1824, Bleistift

Friedrich-Werderschen Kirche mit den 1826 in Oxford angefertigten Zeichnungen Schinkels ist dabei überraschend. Daß Schinkel bei seinem ausgeführten Entwurf der Friedrich-Werderschen Kirche zum Teil die englische Gotik zum Vorbild nahm, belegen die aus dem Stichwerk von John Britton »The Architectural Antiquites of Great Britain« gemachten Kopien[25] und die später auf seiner Englandreise angefertigten Skizzen (Abb. 12). Sicher waren Schinkel aus Stichen die College-Gebäude in Oxford bekannt, jedoch ist es verblüffend, daß im Vergleich der Gestalt der Türme von Friedrich-Werder und den Skizzen aus Oxford aus dem Jahre 1826 starke Parallelen in der horizontalen Gliederung von Gesimsen und in der Eckbetonung durch Lisenen zu erkennen sind (Abb. 13). Bei Schinkel sind es Dreipaßbögen, die die Türme seitlich fassen, und Eckfialen auf den Türmen, verbunden durch ein Vierpaßgeländer, das den oberen Abschluß bildet. Bei dem Turm in Oxford spannen sich Zinnen zwischen den Fialen. In beiden Gebäuden öffnen die einzelnen Geschosse des Turmes spitzbogige Fenster. Die Leichtigkeit der oberen Abschnitte der Türme wird durch die Anordnung mehrerer spitzbogiger Fenster erreicht. Auch bei der Langhausgestaltung lassen sich Gemeinsamkeiten feststellen. In Oxford gliedern die Wandfläche vertikal vorspringende Strebepfeiler. Die Fläche öffnet über einem umlaufenden Fenstergesims ein spitzbogiges, von Archivolten gerahmtes Maßwerkfenster, ähnlich wie in der Friedrich-Werderschen Kirche. Auch das umlaufende Sockelgesims und

[25] Mappe XLII Nr. 43, 44, 45, 49, 51, Schinkelsammlung, Sammlung der Zeichnungen, Nationalgalerie, Staatliche Museen zu Berlin

Abb. 11 Perspektive der Friedrich-Werderschen Kirche, K. F. Schinkel, 1829

Fenstergesims sowie ein kräftiges Traufgesims gestalten die Fassaden beider Gebäude horizontal. Die sich nach oben von Gesims zu Gesims leicht verjüngenden Strebepfeiler bekrönen Fialen, deren Körper Bögen zieren, mit einer Pyramide, die den oberen Abschluß bildet. Diese Gliederung nahm Schinkel auf.

. Die 1826 in England gewonnenen Erfahrungen veranlaßten Schinkel, sich energisch für die Ausführung der Fialen auf der Friedrich-Werderschen Kirche einzusetzen. Während der Entwurfsphase verzichtete er aus Gründen der Sparsamkeit auf die die Strebepfeiler bekrönenden Fialen des Schiffes und sah für den Turm einfache, postamentartige Abschlüsse in Gestalt flacher Pyramiden mit kugeltragenden Spitzen vor. Nach seiner Englandreise war für Schinkel die Aufmauerung der Fialen eine Notwendigkeit, um dem Gebäude einen architektonisch ausgeglichenen Charakter zu verleihen.

»... Die Krönung der Strebepfeiler an der Kirche durch Spitzen ist für den Charakter des Gebäudes ganz wesentlich. Man kann aber diese Zugabe nicht als eine Abweichung von dem Grundplan des Gebäudes ansehen, der in keiner Art dadurch geändert wird, sondern als eine artistische Vollendung der Form, die, wenn sie ohne Mehrausgabe bewirkt werden kann, von der Pflicht der Techniker, denen die Ausführung anvertraut ist, gefordert wird, und die von nichts anderem abhängig ist ...«[26]

---

[26] Schinkel schrieb am 15. Juli 1828 an die Ministerialbaukommission die Begründung zur Aufmauerung der Fialen auf den Strebepfeilern, P. O. Rave, 1941, S. 281

Abb. 12 Oxford College, Ansicht, Zeichnung K. F. Schinkel, 1826, Feder, Tusche über Bleistift

Die Ausführung dieser Fialen in Formsteinen hätte erhebliche Mehrkosten verursacht. So ließ Schinkel die Fialtürmchen aus behauenen Steinen herstellen, was noch erhebliche Konsequenzen für spätere Veränderungen hatte.

Unter dem stark profilierten Traufgesims sitzt ein Akanthusblattfries als antikisierendes Schmuckelement (Abb. 14). Die Akanthusblätter zieren auch die Kapitelle der Halbsäulen an den Portalen. Der Akanthus, eine in unserer Vegetation nicht wachsende Distelpflanze, wird hier als Bindeglied zur Antike eingesetzt. Schon Vitruv beschäftigte sich in seinen 10 Büchern zur Architektur mit der Herkunft des Akanthus. Danach wurde der Akanthus zur architektonischen Schmuckform, als er in Korinth auf dem Grab einer jung verstorbenen Frau sich entlang eines Korbes, beschwert von einem Ziegel, rankte.[27] Die Blätter stießen dabei an die Ecken des Ziegels und waren gezwungen sich einzurollen. Dieser mit den zierlich gekrümmten Blättern umwachsene Korb soll dem Bildhauer Kallimachos die Idee zum korinthischen Kapitell gegeben haben. Jedoch bezweifelt Hirt, daß das Akanthusblatt hier zum ersten Mal auftrat.[28] Vielmehr vertritt er die Meinung Winckelmanns, nach dem es bereits in der 96. Olympiade, beim Bau des Minervatempels zu Tegea, Anwendung fand. Das älteste, mit Akanthusblättern verzierte korinthische Kapitell wurde in den Ruinen des Apolltempels zu Milet aufgenommen.[29]

Schinkel verwendete das Akanthusblatt zur Verknüpfung von antiken und gotischen

---

[27] Jakob Prestel, »Marcus Vitruvius Pollio – zehn Bücher über Architektur«, Bd. 1–5, Baden-Baden 1959, Bd. 2, Buch 4, S. 163–164

[28] A. J. Hirt, »Anfangsgründe der schönen Baukunst oder der Civil-Baukunst in Ästhetischer Hinsicht«, Breslau 1804, S. 97

[29] A. J. Hirt, 1804, S. 98

Stilelementen. Die antiken Bauten studierte er in Italien und auch auf seiner Reise ins Rheinland 1816, wo ihn in Trier der Konstantinische Palast begeisterte[30].

Aus der Verbindung von antiken und mittelalterlichen Konstruktions- und Formprinzipien, also der Synthese von Klassizismus und Romantik, schuf Schinkel seine ganz eigene Gotik, die in seiner Zeit so wenig verstanden wurde.

Mit der deutschen Gotik war er durch seine Heimatstadt Neuruppin, seinen Wohnort Berlin und durch seine vielen Dienstreisen eng vertraut. Er verwendet in seinem »gotischen Entwurf« die Formensprache der deutschen Gotik bis zu einem gewissen Grade, wie z. B. den Spitzbogen, die Fiale, das Chorpolygon, die Auflösung der Wandflächen durch große Maßwerkfenster und die Zweiturmfassade. Aber die Fiale bildet nicht die Auflast zu einem weitverzweigten gotischen Strebewerk, sondern steht auf dem Strebepfeiler wie ein Obelisk auf einem Postament[31]. Die großen Maßwerkfenster tragen keine durchgehende farbige Verglasung, so daß diese nicht die für die Gotik so typischen diaphanen Wände bilden[32]. Die Dachform, die abgewalmt dem Chorpolygon folgt, verbindet sich nicht mit einem hohen Satteldach, sondern liegt unsichtbar hinter einer Attika verborgen. Die Strebepfeiler stehen flach, fast pilasterartig vor der Wand, da sie in den Innenraum einbezogen sind. Die Zweiturmanlage endet nicht in Spitzhelmen, sondern, wie hauptsächlich in der englischen Architektur, flach von Balustraden gerahmt gegen den Himmel. Weitere englische Elemente, etwa langgestreckte Grundrißanlagen mit geradem Chorabschluß und von kräftigen Eckfialen bekrönt oder rechteckig geschlossene Fassaden mit angelagerten Treppentürmen, sind nicht übernommen.

---

[30] Eva Brües, Schinkel-Lebenswerk, »Die Rheinlande«, Berlin, München 1968, S. 415

[31] L. v. Zedlitz, »Conversations-Handbuch für Berlin und Potsdam«, Berlin 1834, Reprint Leipzig 1987, S. 814

[32] Otto von Simson, »Die Gotische Kathedrale«, Darmstadt 1968, S. 14

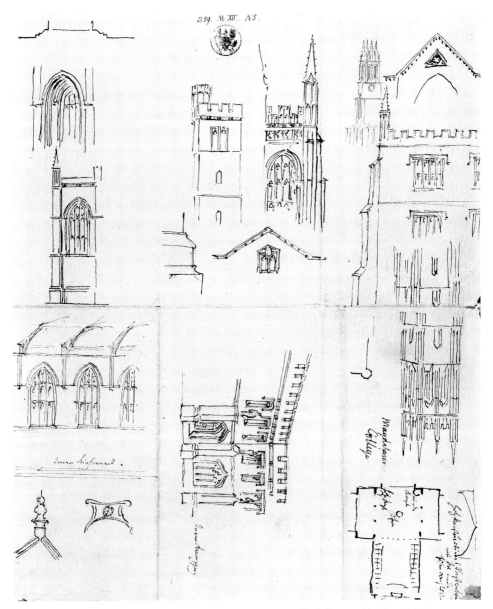

Abb. 13 Oxford Magdalen College, Skizzen, Zeichnung K. F. Schinkel, 1826, Tusche, Bleistift

Vielmehr gewinnen antikisierende Elemente, wie die geometrische Blockhaftigkeit der Türme im Verhältnis zu den glatten Wandkompartimenten, das flach geneigte Dach hinter einer Attika, der Akanthusblattfries und die korinthischen Kapitelle der rahmenden Portalsäulen, an Bedeutung und schaffen somit eine klassizistische Erscheinungsform mit einer in diesem Sinne voll durchgestandenen Tektonik. Die breiten, lisenenartigen Strebepfeiler scheinen das

Abb. 14 Traufgesims der Friedrich-Werderschen
Kirche, KOBD, Tusche, 1824?

weit auskragende Kranzgesims zu tragen und vermitteln eine Assoziation zum Architravbau.
Johannes Krätschell beschäftigte sich 1888 unter der Überschrift »Schinkels gotisches Schmerzenskind die Friedrich-Werdersche Kirche« mit dem eigentümlichen Aussehen der Kirche und
versuchte eine Stilanalyse, die er in seinem Aufsatz »Karl Friedrich Schinkel in seinem
Verhältnis zur gothischen Baukunst« (1892) weiterführte. Dabei kam er zu der Erkenntnis:
   »... Hier prägt der antike Geist einzelnen Theilen seinen Charakter auf, indem Kranzgesims
und Strebepfeiler, wenn auch nicht mit voller Klarheit jenes Verhältnis zum Ausdruck bringen,
in welchen Architrav und Säule (oder Pilaster) zu einander stehen, das zwischen Last und
Stütze; indem auch im Ornament das antike Akanthusblatt eine beherrschende Stellung
gewinnt ...[33]«

Belegt der von Schinkel bezeichnete »Chapel-Entwurf« vielleicht ein taktisches Vorgehen,
um den Kronprinzen von seinem »klassizistischen Entwurf« mit übergeworfenem »gotischen
Mantel« zu überzeugen?[34]
   Wir haben es mit einer Mittelalterarchitektur zu tun, die, wie Schinkel es ausdrückt, durch

---

[33] Johannes Krätschell, »Karl Friedrich Schinkel in seinem Verhältnis zur gothischen Baukunst«, in
Zeitschrift für Bauwesen, Jahrg. 42, 1892, S. 191
[34] Im letzten Jahr seines Lebens antwortete Schinkel dem bayerischen Kronprinzen auf die Frage nach einem
gültigen Baustil:
   »... Um einen solchen hinzustellen, könnte sehr förderlich seyn, daß man das Schönste im Verhältnis aus
vorhandener Architektur zusammen-faßte und in dieser Rheinheit hinstellte, daß man das Naive und
Ursprüngliche griechischer Kunst vorzüglich darinnen charakterisierte oder das Erhabene, Vielgestalte
einer Mittelalterkunst dabei eintreten ließe, oder gar, daß man sich von dem einseitigen Begriff lossagte,
jeder dieser Stylarten allein und ganz gesondert sein Gewicht zu lassen, womit nur eine geschichtliche
Kenntniß beabsichtigt würde, was hier nicht verlangt wird sondern eine Verschmelzung je nachdem der
Charakter es fordert zu gestalten ...«, Margarete Kühn, Schinkel-Lebenswerk, »Ausland«, Berlin,
München 1989, S. 42

den Geist der Antike »geläutert« und damit geeignet ist, einen eigenen Charakter, einen neuen Stil zu schaffen.

»... daß Griechischer Geist die individuellen Erscheinungen der Kunst in der Geschichte erst läutern und zur festen Kunst ausprägen wird, und darum allein dürfen wir die vielen trefflichen Erscheinungen in der Kunst z.B.: des Mittelalters festhalten, weil sie durch Läuterung im Griechischen Geiste uns zu fortbestehender, forthin anwendbarer Kunst werden können ...«[35]

Schinkels Bestreben war es, einen eigenen Stil aus einer Stilrezeption, verbunden mit neuen technischen und ästhetischen Gestaltungsprinzipien, zu schaffen, dessen großes gebautes Beispiel wohl die Bauakademie darstellt. Die Friedrich-Wersche Kirche mit ihrer Material-sichtigkeit in neuer technischer und ästhetischer Qualität ist ein Schritt dahin.

Nach der Fertigstellung der Werderkirche schrieb Schinkel in seinen »Gedanken zur Baukunst«:

»... Jede Hauptzeit hat ihren Styl hinterlassen, in der Baukunst, warum wollen wir nicht versuchen, ob sich nicht auch für die unsrige ein Styl auffinden läßt? Warum sollen wir immer nur nach dem Styl einer anderen Zeit bauen? ...«[36]

1.7. Die Backsteinkirche im frühen 19. Jahrhundert

Der Backstein war in allen Epochen in unserer an Haustein armen Landschaft ein unumgängliches und unersetzliches Baumaterial. Der unter dem märkischen Sand befindliche Ton bildet den Grundstoff für das Baumaterial Backstein. Viele noch erhaltene Zeugnisse aus Jahrhunderten der Berliner Baugeschichte, wie die Heiliggeistkapelle (13. Jahrh.), die Nikolaikirche (14. Jahrh.), die Marienkirche (13./14. Jahrh.), die Franziskaner-Klosterkirche (13. Jahrh.), dokumentieren den Umgang mit diesem Baumaterial. Die Epochen der Renaissance und des Barock bestimmten in unseren Breiten überwiegend die Zeit der Putzbauten, oft ausgeführt als bemalte Steinimitation mit Fugenbild in »Sandstein«, »Marmor« oder »Granit«. Zu Beginn des 19. Jahrhunderts wurde mit dem Wiederaufleben der Kunst und der Kultur in Deutschland nach den Befreiungskriegen auch in Preußen im Zusammenhang mit der sich abzeichnenden technischen Entwicklung nach neuen Wegen zur Bewältigung der sich nun stellenden Bauaufgaben gesucht. Es waren Baumaterialien wie Eisen, Zinkguß und Backstein, die man entdeckte und wiederentdeckte. Unter dem Druck der Sparsamkeit entstand ein neues Verhältnis zur ziegelsichtigen Backsteinarchitektur. Neue Ansprüche an die Technik erwuchsen aus der Forderung nach Qualität und Ästhetik, wie Schinkel es in seiner Beschreibung zu dem »gotischen« Entwurf der Werderkirche 1829 ausdrückte:

»... Bei der Einfachheit des Gebäudes kam es darauf an, der Architektur ein eigentümliches Interesse zu geben; dies wurde dadurch gewonnen, daß die Konstruktion überall in einem sorgfältig und für jeden Bauteil eigens zweckmäßig behandelten Backsteinmaterial sichtbar

---

[35] K. F. Schinkel, Entwürfe für den Text der technizistischen Lehrbuchkonzeption um 1830, in Goerd Peschken, Schinkel-Lebenswerk, »Das Architektonische Lehrbuch«, Berlin, München 1979, S. 115

[36] Hans Mackowsky, »Karl Friedrich Schinkel Briefe, Tagebücher Gedanken«, Berlin, Leipzig 1922, S. 194

gelassen wurde. Es verlangte der Bau hiernach eine bedeutende Menge in sehr verschiedener Gestalt und Größe geformter Ziegel zu den Säulchen, Kapitälen, Gliederungen, Fensterstöcken, Gesimsen und Ornamenten, unter denen sich Stücke bis zur Größe von 2 Fuß Länge, 1 Fuß Höhe und 6 Zoll Breite befinden ...«[37]

Karl Friedrich Schinkel belebte in seinen Entwürfen dieses Baumaterial wieder und verwendete es nicht nur bei seinen Zweckbauten, wie der Arrestanstalt (1817) und dem Packhof (1826), sondern sah es auch als Baustoff für repräsentative Aufgaben, wie Kirchen und Schlösser, vor. Mit der Verwendung des Backsteins als sichtbares Material war eine Entwicklung vom einfachen Handstrichziegel bis zur perfektionistischen Herstellungs- und Verarbeitungstechnik verbunden.

Bei Untersuchung der einzelnen Backsteinentwürfe Schinkels zeichnet sich dabei eine Verarbeitung der gewonnenen Erfahrung von Entwurf zu Entwurf ab. Plante er bei der Spittelmarktkirche (1819) nur die Wände aus Backstein und den Schmuck in Sandstein, so beschloß er bereits vier Jahre später – 1823 –, die Wände der Friedrich-Werderschen Kirche einschließlich sämtlicher Schmuckelemente in gebranntem Ton auszuführen.

Für Schinkel, Sohn eines Superintendenten aus einer Pastorenfamilie, hatte das religiöse Gebäude eine ganz besondere Bedeutung, das drückt sich in seinem Entwurf für ein Denkmal Martin Luthers zum 300. Reformationsjubiläum aus. Schinkel entwarf 1817 eine riesige Skulpturenwand in einer Kirche, verbunden mit einer Kapelle und einer Reliquienhalle, die der Verehrung Martin Luthers, seiner Ideen und Gedanken diente.

»... Hinter dem Altar geht man in eine geschlossene Halle, welche halbkreisförmig hinter dem Gebäude heraustritt und durch fünf gemahlte Fenster erleuchtet wird. Gewissermaßen als Reliquienhalle sollten hier nach und nach manches merkwürdige Kleinod aus Luthers Leben, aus seiner Zeit in Beziehung auf die Reformation, manches Kunstwerk und Monument dieser Art, was noch keinen würdigen Platz fand und zerstreut in der Welt umhergeworfen liegt, gesammelt und aufgestellt werden, und an Festtagen würde dieser Schatz geöffnet und dem Volke gezeigt ...«[38]

Schon zu Beginn des 19. Jahrhunderts war Schinkel Mitglied der Christlich-Deutschen Tischgesellschaft, zu der auch Achim von Arnim und Clemens Brentano zählten. Hier las und besprach man philosophische und theologische Schriften und beschäftigte sich mit Fichtes Arbeiten und den Vorlesungen Schleiermachers. Diese haben Schinkels religiöse Auffassungen besonders geprägt, was sich auch in der Gestaltung seiner religiösen Gebäude, speziell bei der Mensa, der Anordnung der Kanzel[39] und des Altars zeigt.

Gerlinde Wiederanders untersucht in ihrem Buch »Die Kirchenbauten Karl Friedrich Schinkels« (1981) die Zusammenhänge zwischen Schinkels Formen und der Theologie seiner Zeit. Ihre Ergebnisse zeigen, daß z.B. ein pompöser Altaraufbau keinem formalen, äußerlichen Effekt diente, sondern das Abendmahl als zentrales, religiöses Erlebnis der Gemeinschaft

---

[37] K. F. Schinkel, »Sammlung architectonischer Entwürfe von Schinkel«, Heft 13, Berlin 1829

[38] Begleittext zu diesem Entwurf und Entwurfblätter, Schinkelsammlung, Sammlung der Zeichnungen, Nationalgalerie, Staatliche Museen zu Berlin, Junecke/Abri, Schinkel-Lebenswerk, »Provinz Sachsen«, »Der Entwurf für ein Lutherdenkmal in Eisleben«, Veröffentlichung 1992 geplant

[39] Bei Schinkels Kirchenentwürfen finden sich oft zwei Kanzeln, eine für den Prediger, die andere zum Verlesen des Evangeliums

steigern sollte, eine Zirkulation des religiösen Interesses. Für Schleiermacher bedeutete die Religion das Erfaßtwerden des Menschen durch das Universum und das Finden zu sich selbst: »... um Religion zu haben, muß der Mensch erst die Menschheit gefunden haben und er findet sie nur in Liebe durch Liebe ...«[40] Wie Schinkel diese Ideen Schleiermachers verarbeitet, zeigen seine Gedanken zur Bedeutung Luthers, welcher »... *die Bibel als Symbol des ewigen Weltwesens betrachtete. Hier standen Ihm gegenüber Nothwendigkeit und Freiheit oder das Gesetz und Evangelium und die zwischen diesen Gegensätzen vermittelnden Glieder, dort strebt das Gesetz nach Liebe und so nach Freiheit hier die Liebe nach dem Gesetze zurück. Beides aber hält und besteht nicht durch sich selbst, sondern durch den ausschließlichen Glauben ...*«[41]

Diese Ideale fanden in der besonderen Altargestaltung, der Anordnung von Kanzeln zu den Sitzplätzen und in der Chorausführung seiner vielen Kirchenentwürfe ihren Ausdruck. Durch das religiöse Geschehen in einem sensiblen Rahmen sollte ein tiefes Gefühl und ein unauslöschliches Erlebnis entstehen.[42] Dieser kurze Exkurs belegt, daß die Arbeit am Entwurf einer Kirche ein ganz besonderes Gefühl erzeugte. Schinkels Ziel war es, den Menschen ein tiefes religiöses Empfinden mit seiner Architektur zu geben, dabei zeigt die Verwendung von Backstein, welche Bedeutung er dem Material über die Technik hinaus beimaß.

[40] Friedrich Schleiermacher, »Über die Religion, Reden an die Gebildeten unter ihren Verächtern«, Zweite Rede über das Wesen der Religion, Göttingen 1926, S. 56
[41] Ausarbeitungen zu einem Lutherdenkmal, Schinkelsammlung, Sammlung der Zeichnungen, Nationalgalerie, Staatliche Museen zu Berlin, Junecke/Abri, Schinkel-Lebenswerk, »Provinz Sachsen«, »Der Entwurf für ein Lutherdenkmal in Eisleben«, Veröffentlichung 1992 geplant
[42] Schinkel, Auszug aus seinen Romantischen Skripten um 1815
»Im Religiösen Gebäude soll Gott dargestellt werden. Dies ist nicht anders möglich als durch das Universum, nicht in einzelnen besonderen persönlichen Spaltungen, sondern durch das eine sichtbar gewordene Lebensprincip in den aller unähnlichsten Gegenständen ...
Die Kunst selbst ist Religion, das Religiöse demnach ist ewig zugänglich der Kunst. Das Religiöse Gebäude in der Architectur kann nur Ausgangs Punct seyn für die gesamte Bestimmung einer Architectur ... Hier versammelte sich das Volk, empfinge aber keine Lehren der Moral, sondern die Würdigkeit des Raumes stimmte jeden sich still in sich selbst zu vollenden ...«, G. Peschken, Schinkel-Lebenswerk, »Das Architektonische Lehrbuch«, Berlin, München 1979, S. 32, 33

2. Kapitel:
ZUR RENAISSANCE DES BACKSTEINS IM PREUSSEN DES FRÜHEN 19. JAHRHUNDERTS

2.1. WIEDERBELEBUNG DES BACKSTEINBAUES DURCH SCHINKEL

Bei der Beschäftigung mit den Backsteinbauten des frühen 19. Jahrhunderts stellen sich zunächst die Fragen nach den objektiven Bedingungen, die zur Wiederbelebung des Baumaterials Backstein in Preußen führten, und nach den Impulsen, die auf Schinkel wirkten und ihn dahingehend beeinflußten, den Backstein materialsichtig in seinen Bauten zu verwenden.

Wie sah es in Preußen um 1815 aus? Das Land war durch die Befreiungskriege und die langjährige französische Besatzung wirtschaftlich sehr geschwächt. Mit den Beschlüssen des Wiener Kongresses im Jahre 1815 gerieten viele Gebiete unter preußische Herrschaft. Es entstand in ganz Preußen der Bedarf nach repräsentativen Gebäuden wie Museen, Universitäten, Theatern. Diese Bauvorhaben waren nach der Spezifik Preußens und seiner schlechten wirtschaftlichen Lage natürlich mit größter Sparsamkeit auszuführen. Es gab viele neue Aufgaben, die praktisch und schnell mit dem entsprechenden ästhetischen Anspruch des neu erstarkenden Preußen zu lösen waren. Dabei unterlagen die Pläne der Genehmigung der Königlichen Oberbaudeputation, deren Mitglied Schinkel seit 1810 war[43].

Er war verantwortlich für die Revision der eingereichten Entwürfe und begutachtete ihre technische Ausführbarkeit, die ästhetischen Ansprüche und ihre Kosten. Bei größeren Bauaufgaben nahm der König Friedrich Wilhelm III. selbst Einfluß auf die Entwürfe und ihre Verwirklichung. Auch der architektonisch sehr interessierte Kronprinz und spätere Friedrich Wilhelm IV. wirkte auf Schinkels Pläne und Gutachten ein.

2.2. BACKSTEINBAUTEN IN NEURUPPIN

Schinkel hatte bereits in seiner Kindheit Kontakt mit einheimischer Backsteinarchitektur in seiner Geburtsstadt Neuruppin. Hier forschte Theodor Fontane nach Schinkels Kindheit und Jugend und sah noch einige Zeichnungen, die sich mit der Neuruppiner Landschaft und ihren

---

[43] Durch die Vermittlung von Wilhelm v. Humboldt erhielt Schinkel die Stelle als Oberbauassessor, nach dem Tode von Eytelwein wurde er 1830 zum Geheimen Oberbaudirektor ernannt.

Bauwerken, z.B. der Kränzliner Kirche, befaßten.[44] Eine frühe Zeichnung, wahrscheinlich von 1796, zeigt in der Darstellung eines märkischen Baues Schinkels Auseinandersetzung mit heimischer Architektur (Abb. 15). Schinkels Schule in Neuruppin befand sich in dem südlichen

Abb. 15 Skizze einer Kirchenruine mit Teufelchen, Zeichnung K. F. Schinkel, um 1796, Tusche

Kreuzgangflügel der Klosterkirche, einem gotischen Backsteinbau (13. Jahrh.). Ferdinand von Quast sah in dieser Umgebung einen Ursprung für Schinkels architektonisches Empfinden.

»... Wenn für den sinnenden Knaben die grammatische Formenlehre etwa wenig Anziehungskraft bewies, so mögen seine Augen, von den schön geschwungenen Linien der Rippen emporgezogen, oben an den Gewölben herumgespielt haben; es werden auch die erhabenen Bildungen der Kirche selbst seinen Geist aufwärts gezogen und zu höheren Vorstellungen erhoben haben ...«[45]

Weiter gibt v. Quast den Schulweg, der vom Neuen Markt zum Kloster, vorbei an der Siechenhaus-Kapelle St. Lazarus (15. Jahrh.) mit ihren Terrakottareliefs führte, als ein wichtiges Bildungsmoment für Schinkel an. Ein backsteinernes Windenband umrahmt das spitzbogige, von Archivolten gefaßte Portal der Kapelle. Die Schräge zwischen Umrahmung und Tür schmücken bis zum Ansatz des Bogens auf jeder Seite 18 rechteckige Terrakottaplatten, dreiachsig und sechszeilig verlegt (Abb. 16). Sie stellen im Wechsel Christus an der Geißelsäule und den heiligen Franziskus dar. Fünf übereinander angeordnete Platten umrahmen den Spitzbogen zweireihig.

Johannes Krätschell beschreibt die dreischiffige Neuruppiner Klosterkirche »... als ein Werk aus der besten Zeit ... (sie) ... hob sich im schönen Schmuck ihrer dunkelrothen Ziegel

---

[44] Theodor Fontane, »Wanderungen durch die Mark Brandenbug«, »Die Grafschaft Ruppin«, Berlin, Weimar 1980, S. 51–52
[45] Ferdinand v. Quast, »Carl Friedrich Schinkel«, Neu Ruppin 1866, S. 6

Abb. 16 Portal der Hospital-Kapelle St. Lazarus, Neuruppin, um 1491, Foto 1990

von den hohen grünen Pappeln, die sie damals umstanden, wirkungsvoll ab ...«[46] Ihre Proportionen, ihre Formensprache und das Material schulten den Blick des jungen Schinkel.

2.3. Lehren David und Friedrich Gillys zum Baumaterial Backstein

Im Jahre 1795 zog die verwitwete Frau Schinkel mit ihren sechs Kindern nach Berlin. Hier besuchte Schinkel bis 1798 das Gymnasium zum Grauen Kloster. Nach seinem Schulabgang nahm Schinkel erfolgreich bei David und Friedrich Gilly Unterricht und wurde 1799 Schüler der Bau- und Unterrichtsanstalt. Dabei lernte er das Material Backstein in den Zeichnungen Friedrich Gillys zur Marienburg näher kennen. Diese entstanden im Jahre 1794, als Friedrich Gilly seinen Vater auf einer Dienstreise begleitete. Die Blätter trugen zur Wiederentdeckung der deutschen Altertümer und damit zur Stärkung des Nationalbewußtseins bei. Gilly besuchte die Marienburg und brachte sie in seinen Darstellungen unmittelbar zur Anschauung. Seine Zeichnungen zeugen von einer bestimmten Sehweise, in der er mit Gefühl nur das wiedergibt, was er sehen will. Man erkennt die gefilterte Realität aus dem Blickwinkel eines Architekten, der die Baukörper auf das Wesentliche der Konstruktionen und auf ihre Grundformen reduziert.

Seine Anschauungsweise mittelalterlicher Baukunst, die das Körperhafte, die Tektonik des Aufbaues, die Struktur der Konstruktion und des Materials betont, lieferte die Basis für die Wiederverwendung des für das Mittelalter in dieser Gegend so typischen Baustoffes, den ziegelsichtigen Backstein.

Schinkel studierte Friedrich Gillys Arbeiten, indem er sie oft kopierte. Das hier dargestellte Blatt zeigt die Marienburg mit der wiederhergestellten Brücke und einer neuen Fassade des backsteinernen Hochmeisterpalastes, die Schinkel später rekonstruierte[47].

Dieses und ein weiteres Blatt zur Marienburg, die auf einem Raster gezeichnet sind, könnten auf eine Kopie der zum Teil verschollenen Zeichnungen von F. Gilly hindeuten (Abb. 17). Gilly beschrieb seine Zeichnung zur Marienburg wie folgt:

»... und das zweite Blatt daneben eines der alten Schloßtore von Backstein aufgeführt, welche in verschiedener Abwechslung mit glasurten Ziegeln ein (Beispiel sind), wie fast alle Außenwände des Schlosses gemauert sind ...«[48]

Die Beschäftigung mit der Marienburg über Gillys Zeichnungen beeinflußte Schinkels Verhältnis zur mittelalterlichen Baukunst. In Gillys Entwürfen, z.B. im Entwurf für das Friedrichsdenkmal auf dem Leipziger Platz, begegnete Schinkel seiner eigenen Rezeption der Antiken Welt. Er lernte bei Gilly das Archaisieren der Formensprache, die die Sehnsucht nach Ursprünglichkeit und Wahrhaftigkeit ausdrückte. Oder wie Fritz Neumeyer schreibt:

---

[46] Johannes Krätschell, »Karl Friedrich Schinkel in seinem Verhältnis zur gothischen Baukunst«, in Zeitschrift für Bauwesen, Jahrg. 42, 1892, S. 162

[47] Auf seiner Reise nach Ostpreußen 1819 besuchte Schinkel die Marienburg und verfaßte ein Gutachten zu ihrer Wiederherstellung

[48] Alfred Rietdorf, »Gilly – Wiedergeburt der Architektur«, Berlin 1943, S. 24

Abb. 17 Marienburg, Entwurf zur neuen Fassade, Kopie nach einer Zeichnung Friedrich Gillys?, um 1801–1802?, Zeichnung K. F. Schinkel, Feder, Tusche, Bleistift

»In Gillys Konzept der Antike werden Formleidenschaft und dramatische Anschauung auf der einen Seite, mit der konstruktiven Grundidee sowie der reinen Vernunft der Formen auf der anderen Seite, zusammengebunden«[49]

Friedrich Gilly beeinflußte Schinkel in seinem Streben nach der Erkenntnis von Lüge und Wahrheit beim Bauen. Ein Zeugnis von Schinkels Auseinandersetzung mit den Arbeiten Friedrich Gillys ist ein Skizzenbuch (noch vor 1800) aus der ersten Berliner Zeit, das Zeichnungen enthält, die in Strichführung und Abstraktionsgrad eindeutig dem Charakter der Gillyschen Arbeiten entsprechen.[50]

David Gilly führte Schinkel in den Lehrjahren an die Backsteinbauten seiner Heimat heran und vermittelte ihm ein neues Verhältnis zum Baumaterial Backstein. In seinem Lehrbuch gibt D. Gilly seinen Schülern konkrete Hinweise zum Einsatz des Baumaterials Backstein und zum

---

[49] F. Neumeyer, »Eine neue Welt entschleiert sich von Friedrich Gilly zu Mies van der Rohe«, Ausstellungskatalog, Friedrich Gilly und die Privatgesellschaft junger Architekten, Berlin Museum 1987, S. 46
[50] Schinkels frühes Skizzenbuch, Berlin Museum, Blatt 27, 161, 213, 253

soliden Verbauen. Das Wissen von den Verbänden, die Technik der lotrechten Aufmauerung und die Anlage von Fugen, ihre Stärke und Gestalt, gehören zur Grundausbildung[51].

Gillys Schüler erhalten in seinen Vorlesungen konkrete Anweisungen zur Gestaltung eines bestimmten Gebäudetypus und einzelner Gliederungselemente. So erklärt er z. B. die Bedeutung des Traufgesimses wie folgt:

»... Das sogenannte Hauptgesims an den Gebäuden ist aus Nothwendigkeit vorhanden, um nemlich das vom Dach ablaufende Wasser vom Fuß des Gebäudes zu entfernen. Dies wird desto mehr bewirkt, je mehr das Gesims hervorragt oder Vorladung hat. Das Gesims an sich und dessen proportionirte Glieder nebst einer etwas starken Vorladung, welche durch besonders dazu geformte Ziegel leicht bewirkt werden kann, gewährt zugleich eine Hauptzierde des Gebäudes ...«[52]

David Gilly kam in seinen Arbeiten zu der Erkenntnis, daß Backstein auch der Stoff sei, aus dem sich architektonische Gestaltungs- und Gliederungselemente herstellen lassen.

Als Herausgeber der Zeitschrift »Sammlung nützlicher Aufsätze und Nachrichten die Baukunst betreffend« befaßte er sich mit der Darstellung des Land- und Wasserbaues in Pommern, Preußen und einem Teil der Neu- und Kurmark. Zu einer ehemaligen Klosteranlage im Amte Colbatz schrieb D. Gilly:

»... Die Erbauer dieser Gebäude sind gewiß in der Ziegelmacherkunst so weit gewesen als diejenigen, welche die Gesimse, Säulen und Verzierungen gemacht haben ... die in den Ruinen von Pompeja gefunden wurden. Ich wünschte übrigens ..., daß die heutigen Architekten nicht nur die nachahmten, sondern ich bin auch überzeugt ..., Basreliefs und andere Verzierungen, welche man leicht vergolden oder ihnen das Ansehen des Marmors geben könnte, von Ziegeln zu machen sehr wohl ausführbar wäre ...«[53]

Zwischen David Gilly und Schinkel bestand viele Jahre eine Verbindung. Auf seinen Reisen schrieb Schinkel an seinen Lehrer Briefe, in denen deutlich wird, wie er die gesehene Architektur verarbeitete; er beschrieb sie unter dem Gesichtspunkt des Konstruktiven und Anwendbaren.[54]

2.4. Begegnung mit Backsteinbauten in Italien

Schinkels Studienreisen brachten ihn in den Jahren 1803–1805 und vom Juli bis November 1824 nach Italien. Diese Reisen führten ihn in eine völlig neue Kulturlandschaft, deren Besuch dem allgemeinen Bildungsbemühen der Zeit, das sich auf ein archäologisch-antiquarisches

---

[51] David Gilly, »Abriss der Cameral Bauwissenschaft zu Vorlesungen entworfen«, Berlin 1799, S. 23
[52] D. Gilly, 1799, S. 62
[53] David Gilly, »Fortsetzung der Darstellung des Land- und Wasserbaues in Pommern, Preußen und einem Theil der Neu- und Kurmark«, in »Sammlung nützlicher Aufsätze und Nachrichten die Baukunst betreffend«, (1.) Jahrg., II. Band, Berlin 1797, S. 25
[54] Schinkels Briefe an David Gilly über seine Italienreise 1803–1805, in Gottfried Riemann, »Karl Friedrich Schinkel–Reisen nach Italien«, Berlin 1979, S. 117–124

Interesse stützte, entsprach. Auf seiner ersten Reise richtet er seinen Blick auf die vielfältigsten Erscheinungsbilder des ersehnten Landes.

Es kam ihm auf die Begegnung mit einer idealen Welt der Harmonie von Natur und Kunst, verknüpft mit der Geschichte und Kultur, an. Dazu gehörte auch das Studium antiker Kultur in ihrer Gesamtheit. Ihn interessierten nicht das einzelne Gebäude, sondern die Struktur- und Konstruktionsprinzipien einer gebauten Epoche. Er sah das Baumaterial Backstein an Bauten der römischen Zeit, der Gotik und der Renaissance, an Burgen, Palästen und Kirchen.

In Rom besichtigte er das Forum Romanum und schrieb in seinem Reisebericht dazu:

»... Es ist ein Vergnügen, zu sehen, wieviel auch die Alten auf die Vervollkommnung des Baues mit Mauerziegeln verwendet haben, der größte Teil ihrer Gebäude, die Portiken und großen Arkaden der Amphitheater und einige andere Teile abgerechnet, bestand aus dem Bau mit Mauerziegeln ...«[55]

Die Stadt Ferrara beeindruckte Schinkel mit ihrem Castello Estense, einem der besterhaltenen italienischen Dynastenschlösser des Mittelalters aus Backstein, und dem mittelalterlichen Dom.[56] In Bologna berichtet er vom Dom, der in akkurater Arbeit aus Mauerziegeln erbaut, von Marmoreinlagen geziert ist, und von dem Mauerwerk der Kirche San Petronio, das teilweise durch Marmor bekleidet ist. Beeinflußt von der Solidität und Schönheit, die von diesen Bauwerken ausging, lobte er deren akkurat aufgemauertes Backsteinmaterial von vorzüglicher Güte, das er auf ein Schleifen der Steine zurückführte. Die Vielfältigkeit der Formen bis zu Verzierungen in Terrakotta schuf eine ganz eigene ästhetische Qualität gegenüber den Gebäuden, deren schlechtes Mauerwerk durch Putz und Tünche verborgen und durch aufgesetzte Stukkaturen geschmückt war. Schinkel setzte den höheren Aufwand der Backsteinarchitekturen mit ihrer längeren Haltbarkeit zum schnell verwitternden und pflegeintensiveren Putzmauerwerk ins Verhältnis.[57]

In dem Bericht über seinen Italienaufenthalt klingen Begriffe wie Materialechtheit und Materialgerechtigkeit an, die Schinkels gesamtes architektonisches Schaffen durchzogen:

»... Italien enthält noch einige Werke gotischer und sarazenischer oder spätmittelalterlicher Baukunst, die bisher wenig betrachtet und geschätzt wurden und in denen ein Charakter liegt, der Ehrfurcht für das Zeitalter ihrer Entstehung erregt. Sie zeigen uns deutlich, daß Sorgfalt und Fleiß jedem Werke den höchsten Grad, verbunden mit einem unverdrängtem Gesetz der Wahrheit, der Anwendung erhielt ...«[58]

Ein auf der ersten Italienreise entstandener Bericht an seinen Lehrer David Gilly zeigt den tiefen Eindruck, den die italienischen Backsteinarchitekturen in ihrer »Ehrlichkeit« auf ihn machten, und dabei sah er die Anwendungsmöglichkeit für Preußen.

»... Padova, das mit vielen schönen Gebäuden, besonders im Stil Palladios, prangt, macht auf Venedig wenig Eindruck, weil uns Stil und die Konstruktion weit bekannter ist. Man baut hier mit Mauerziegeln und ungleich gebrochenem Stein, der dann eine Kalktünche erhält, welche ihm das Ansehn unserer Gebäude gibt. Interessanter werden wieder Ferrara und Bologna; sie haben etwas für uns sehr Anwendbares, was ebensosehr der Solidität unserer Gebäude als ihrer Schönheit Vorteil bringen würde: das ist der Bau mit gebrannten Ziegeln, den man hier in

[55] G. Riemann, 1979, S. 120
[56] G. Riemann, 1979, S. 48, 119, 237–238
[57] G. Riemann, 1979, S. 47, 119, 235–237
[58] Schinkel Brief an David Gilly aus Paris, 1805, in G. Riemann, 1979, S. 121

manchen Kirchen und Palästen in der höchsten Vollkommenheit sieht. Die Masse, aus der dies Material gebrannt ist, begünstigt durch ihre vorzügliche Güte die Arbeit. Man erstaunt aber über die Akkuratesse in der Ausführung. Die äußeren Fassaden, welche keine fehlerhafte Arbeit unter einem Kalküberzug zu verstecken haben, zeigen die glatteste Ebene, durchschnitten mit den gleichsten horizontalen Fugen, die der feine Kalk vollkommen ausfüllt und fast unsichtbar macht, bekränzt durch die reichsten Cornichen, die, aus dem selben Material wie zu dem anderen Schmuck des Gebäudes aufs künstlichste gebaut, alle Eindruck auf Solidität und Einfachheit geben, der auf keine andere Art bei uns erreichbar wird. Man gibt sich freilich mehr Mühe, die Form der Steine fleißiger zu machen, sie wohl noch zu schleifen, ja allen Verzierungen Formen zu machen und (sie) sorgfältig zu brennen, als bei uns, und erhöht dadurch die Kosten; aber gegen den Aufwand und die geringe Dauer unserer betünchten Wände mit der Menge elender Stuckverzierungen würden sich diese sicher in ein vorteilhaftes Verhältnis bringen lassen ...«[59]

Diese Einschätzung Schinkels bestätigte sich in den später gebauten Backsteinarchitekturen. Mit der Verwendung des Baumaterials Backstein entwickelte er nicht nur einen neuen ästhetischen Anspruch, der sich in dieser Äußerung schon andeutet, sondern förderte die Entwicklung der Ziegeltechnik, angefangen von einfachem Sichtmauerwerk, über Formsteine bei Gesimsen und Konsolen, bis zu großen Maßwerken von Kirchenfenstern und Terrakottaplastiken an Fassaden.

Auf seiner zweiten Italienreise, im Sommer 1824, entstand wohl in Pompeji ein Blatt, das ein großes Terrakottaelement, einen Löwen unter klassischem Gesims über einer als Ausguß dienenden Muschel mit angrenzendem Friesornament zeigt. Hier sah Schinkel die Vielfältigkeit und die hohe künstlerische Qualität von Terrakotta (Abb. 18).

2.5. Besichtigung von Backsteinarchitekturen in England

Als Schinkel in Begleitung seines Freundes Peter Christian Wilhelm Beuth die Reise nach England antrat, waren die ersten in Backstein oder teilweise in diesem Material ausgeführten Bauwerke, wie die Wache (1818) und die Kaserne (1817–1818), fertig, die Friedrich-Werdersche Kirche befand sich schon in Bau. Die in Backstein entworfenen Gebäude, wie die Petrikirche (1814) und die Kirche auf dem Spittelmarkt (1819), kamen nicht zur Ausführung.

Schinkel gewann auf der Reise nach England wichtige Erkenntnisse zum Einsatz der Baumaterialien Backstein und Eisenguß.

Hier, in diesem technisch hochentwickelten Land, lernte er die Auswirkung der industriellen Revolution auf die sozialen, die technischen und kulturell-ästhetischen Bereiche des Lebens kennen. Die Reise wurde im wesentlichen von Beuth, dem Leiter der Abteilung für Handel und Gewerbe im Preußischen Finanzministerium, geprägt, der sie zu einer Studienfahrt durch die moderne Bau- und Industrieentwicklung Englands und Schottlands werden ließ.

---

[59] Brief Schinkels an David Gilly (1804), in G. Riemann, 1979, S. 119

Abb. 18 Ruine mit Ornament und Ausguß, Terrakotta aus Pompeji, 1824, Zeichnung K. F. Schinkel, Feder, Tusche

»Der kunstsachverständige Technologe und der Architekt mit seinem Blick für die Möglichkeiten der neuen Technik ergänzten sich während des Aufenthaltes in England auf ideale Weise.«[60]

England war Schinkel aus Reiseskizzen von Friedrich Gilly bekannt. Die Grundlage seines Wissens zur englischen Kathedralarchitektur stützte sich auf das Stichwerk von Britton »The Architectural Antiquities of Great Britain«, aus dem Schinkel einige Zeichnungen kopierte.

In der zweiten Hälfte des 18. Jahrhunderts wurde Deutschland von England durch seine pittoreske Gartenkunst, seine palladianische und neugotische Architektur beeinflußt. Diese Ideen, als Abkehr vom absolutistisch geprägten Barock, kamen durch den fortschrittlichen Fürsten Leopold Friedrich Franz von Anhalt–Dessau und seinen Architekten Erdmannsdorff in der Anlage des Wörlitzer Parks mit all seinen Bauten zur Umsetzung.

England galt spätestens seit Anfang des neunzehnten Jahrhunderts als die führende Industrienation mit der am weitesten fortgeschrittenen industriellen Revolution, die durch die Perfektionierung der Dampfmaschine und die Entwicklung eines neuen Schmelzverfahrens von Gußeisen eingeleitet worden war.

Schinkel brachte die Englandreise nicht nur neue Impulse für das Verhältnis zur englischen Gotik, sondern auch hinsichtlich der Technik und Ästhetik des Baumaterials Backstein.

---

[60] Reinhard Wegner, Schinkel-Lebenswerk »Reise nach England«. Herr Wegner stellte mir kurz vor Beendigung meiner Arbeit freundlicherweise sein Manuskript zur Verfügung (wohl S. 14)

Im Tuchfabrikationszentrum Stroud nahm er einen großen, von Gußeisenstützen getragenen Saal auf, dessen Wände Ziegelmauerwerk füllen und dessen Wölbungen ebenfalls von Ziegelmauerwerk gebildet werden. Diese einfache praktische Kombination von Eisenguß und Ziegelmauerwerk hatte er schon bei seinem ersten Entwurf der Friedrich-Werderschen Kirche für die Emporen angestrebt. Aber nicht nur in Verbindung mit Gußeisen erlebte Schinkel in England den Backstein. Bei den großen Wohnanlagen und Fabrikgebäuden empfand er die ungegliederten Flächen der zwangsläufig kleinteiligen Backsteinarchitektur als schrecklich:

»... man sieht die Gebäude stehen, wo vor drei Jahren noch Wiesen waren, aber diese Gebäude sehen so schwarz geräuchert aus, als wären sie hundert Jahre in Gebrauch – es macht einen schrecklichen unheimlichen Eindruck: ungeheure Baumasse von nur Werkmeistern ohne Architektur und fürs nackteste Bedürfnis allein und aus rotem Backstein ausgeführt ...«[61]

Das Zitat (17. Juli 1826) steht für viele Eindrücke mit diesem Charakter, die Schinkel zeigten, welche Auswirkung eine schlecht oder kaum gegliederte Backsteinarchitektur im ästhetischen Empfinden anrichtet. In Birmingham schilderte er die backsteinernen Wohnviertel in einer tristen Gestaltung.

»... ganz uninteressante Häuser in rotem Backstein für 120 000 Einwohner konnten nur einen melancholischen Eindruck machen ...«[62]

Mit Backsteinarchitektur lassen sich Stimmungen durch die Farbe des Materials, die Verarbeitungsweise, das Fugenbild, die Gliederungen und die Proportionen erzeugen.

In seinem Entwurf zur Friedrich-Werderschen Kirche deutet sich das englische Vorbild der sachlichen Industriearchitektur mit der Möglichkeit des modernen funktionellen Bauens, der Horizontaltendenz, dem Konstruktiven – das in klarer Struktur ohne verdeckende Ornamentik die Funktion des Gebäudes aufnimmt – an.

Zum Studium der baugeschichtlich interessanten Gebäude hatte Schinkel wenig Zeit. Trotzdem besuchte er einige Bauwerke, die das Durchsetzen seiner Entwurfsidee zur Werderkirche beeinflußten: z. B. die Kirche von Melton Mowbray.

Diese neue Kirche im Mittelalterstil mit ihrem helmlosen, von Eckfialen bekrönten Turm und Kirchenschiff zeigte die Bedeutung des konstruktiven Elementes, der Fiale, für die Gestaltung des Baues (Abb. 19). Ausdruck dessen war später die strikte Ausführung der Fialen auf dem Schiff der Friedrich-Werderschen Kirche.

Schinkel besuchte auch die St. Peter-Kirche in Leeds und die Gebäude des Magdalen College in Oxford, dessen horizontal gelagerter Baukörper mit seinen aufstrebenden Wandpfeilern deutliche Verwandtschaft zur Werderkirche aufweist.

2.6. Vorbilder einheimischer Backsteinarchitekturen

Als der König Schinkels »mittelalterlichen Entwurf« zur Ausführung bestimmte, stellten sich mit der Verwirklichung dieser Aufgabe neue Anforderungen an die Technik der Backsteinher-

---

[61] Gottfried Riemann, »Karl Friedrich Schinkel–Reise nach England, Schottland und Paris«, Berlin 1986, S. 244
[62] G. Riemann, 1986, S. 187

Abb. 19 Kirche von Melton Mowbray, Zeichnung K. F Schinkel, 1826, Bleistift

stellung. Schinkel schrieb in der Veröffentlichung zu seinem gotischen Entwurf, daß es zur Verwirklichung einer Menge großformatiger Formsteine bedürfe.

»... *Es verlangte der Bau hiernach eine bedeutende Menge in sehr verschiedener Gestalt und Größe geformter Ziegel zu den Säulchen, Kapitälen, Gliederungen, Fensterstöcken, Gesimsen und Ornamenten, unter denen sich Stücke bis zur Größe von 2 Fuß Länge, 1 Fuß Höhe und 6 Zoll Breite befinden ...*«[63]

Schinkel nahm mit dem Bau der Friedrich-Werderschen Kirche die Tradition des mittelalterlichen Backsteinbaues im preußischen Raum wieder auf. Bei der Erhaltung und Wiederherstellung von mittelalterlichen Backsteinbauten erwarb er sich bekanntlich große Verdienste.

Der gute Zustand der jahrhundertealten Backsteinfronten beeindruckte Schinkel immer wieder aufs neue. Während seiner Dienstreise vom 12.–24 Juli 1835 durch die Altmark besuchte er viele wichtige Backsteinbauten, unter anderen die in Werben, Stendal, Salzwedel und Tangermünde. In einem Dienstreisebericht schrieb er seine Eindrücke zur Architektur

---

[63] K. F. Schinkel, »Sammlung architectonischer Entwürfe von Schinkel«, Heft 13, Berlin 1829

dieser Gebäude nieder und setzte sich für die Erhaltung der Backsteinbauten ein.[64] Dabei galt sein besonderes Interesse dem in dieser Gegend so typischen Backstein in allen Details: Zustand, Verarbeitung, Gliederung und Gestaltung. An der weit in die flache Landschaft hineinwirkenden Hallenkirche von Werben interessierten Schinkel besonders die glasierten Formsteine:

»… Die Ordenskirche hat den Charakter der schönen Backsteinbauten in der Altmark aus dem 14. Jahrhundert. Sie ist äußerlich mit vielen glasierten Formsteinverzierungen geschmückt …«[65]

Für die Erhaltung des reich mit Ziergiebeln gestalteten Rathauses von Tangermünde führte Schinkel zu Beginn der dreißiger Jahre einen langen, erfolgreichen Prozeß gegen den Magistrat und verhinderte so den Abriß dieses Gebäudes. Er schrieb dazu mehrere Stellungnahmen und Anforderungen. Darin heißt es unter anderen:

»… das Rathaus mit facaden aus Backstein mit reichen Verzierungen aus dunkel glasierten Formsteinen versehen, befindet sich in einem höchst vernachlässigten Zustande, dem recht bald abgeholfen werden muß, wenn der ganze Bau nicht bald verschwinden soll …«[66]

Nicht nur die technischen Möglichkeiten dieses Materials wurden erkennbar, sondern auch die künstlerischen, d. h. welche qualitätvolle Ästhetik in der plastischen Gestaltung mit diesem »künstlichen Material« erreicht werden konnte, das keineswegs hinter Plastiken und Verzierungen aus Haustein zurückstand. Dabei kopierte Schinkel nicht einfach die Formensprache. Seine Haltung zum Backsteinmaterial, mit der von ihm bestimmten, hervorragenden Verfugungstechnik, den konsequent ausgeführten Verbandsmustern in Reichsformaten und reichsformatigen Formsteinen sowie stark plastischen Terrakotten, stand dem großteiligeren Erscheinungsbild der mittelalterlichen Backsteinfronten gegenüber. Diese Großteiligkeit war jedoch oftmals nur ein Werk von Putz, Pinsel und Farbe. Aufgrund »… der Beschränktheit der Mittel den Thon zu reinigen und durchzuarbeiten, bei der Unvollkommenheit der Brennöfen, bei der Schwierigkeit, größere Hohlkörper herzustellen und die Höhlungen gegen das Eindringen des Wassers und Frostes zu schützen, sah man sich darauf angewiesen, nur Vollsteine herzustellen und diese auf Dimensionen zu beschränken, welche die Maße der gewöhnlichen Mauerziegel nicht bedeutend überschritten …«[67] Die Steine differierten in ihrer Maßgenauigkeit und ihrer Farbigkeit so stark, daß sie einem ästhetischen Anspruch nicht mehr genügten. Darum sind mittelalterliche Backsteinbauten oft rot gestrichen und mit einer klaren Fugenmalerei versehen.

Ein Beispiel bildet das in den Jahren 1976 bis 1978 restaurierte gotische Rathaus von

[64] Dienstreisebericht Schinkels in die Altmark vom 12.–24. Juli 1835, Schinkelsammlung, Sammlung der Zeichnungen, Nationalgalerie, Staatliche Museen zu Berlin, in
Junecke / Abri, Schinkel-Lebenswerk, »Provinz Sachsen«, »Zur Erhaltung der Baudenkmäler in Tangermünde«, »Zur Erhaltung der Baudenkmäler in Werben«, Veröffentlichung 1992 geplant

[65] Dienstreisebericht Schinkels 1835, Schinkelsammlung, Sammlung der Zeichnungen, Nationalgalerie, Staatliche Museen zu Berlin, in
Junecke / Abri, Schinkel-Lebenswerk, »Provinz Sachsen«, Veröffentlichung 1992 geplant

[66] Dienstreisebericht Schinkels 1835, Schinkelsammlung, Sammlung der Zeichnungen, Nationalgalerie, Staatliche Museen zu Berlin, in
Junecke / Abri, Schinkel-Lebenswerk, »Provinz Sachsen«, Veröffentlichung 1992 geplant

[67] R. Neumann, »Über den Backstein«, in Zeitschrift für Bauwesen, Jahrg. 27, 1877, S. 242

Frankfurt an der Oder. Das Rathaus, ein rechteckiger Backsteinbau aus dem 14. und 15. Jahrhundert, von reichen Ziergiebeln gestaltet, war nach der Restaurierung von 1906 material-sichtig belassen worden.

Genaue neuere Untersuchungen brachten die Erkenntnis, daß die Backsteingliederungen und Maßwerke ursprünglich einen Anstrich mit aufgemalter Fugenteilung trugen. Dieser Zustand wurde inzwischen rekonstruiert.[68]

In der Zeit der Gotik fanden Terrakotten, z. B. als Schmuckformen, als Basen und Kapitelle Verwendung. Die schon in Babylon (z. B. Ischtartor 6. Jh. v. Chr.) bekannte Terrakottatech-nik war zu Beginn der Backsteingotik noch unerforscht und unbekannt. So begann man, Verzierungen aus dem fertig gebrannten Ton herauszukratzen oder mit Hammer und Meißel herauszustemmen, wie in der Hausteintechnik, und formte somit plastischen Schmuck.

Erst später wurde das zu gestaltende Element als Rohling bearbeitet und dann gebrannt. Die gleiche Entwicklung läßt sich bei den Formsteinen vom zugeschlagenen zum geformten und gebrannten Stein bis zur Serienherstellung aus einer Form verfolgen.

---

[68] E. Badstübner / E. Wiprecht, »Das wunderliche Dogma der Materialgerechtigkeit«, in Zeitschrift »Farbe und Raum«, Heft 3, Jahrg. 35, Berlin 1981, S. 22–26

3. Kapitel:
ZUM BAUMATERIAL BACKSTEIN

3.1. Kriterien des Baumaterials Backstein

Der erste Mauerwerkbau aus luftgetrockneten Lehmsteinen trat nach dem heutigen Stand der geschichtlichen Forschung in Jerichow 8000 v. Chr. auf. Die Ziegelbauten in Mesopotamien (Sumerer) gehen ins 4. Jahrtausend v. Chr. zurück, wobei sich hier die ersten gebrannten Ziegel 2500 v. Chr. nachweisen lassen.[69] Die frühesten Gewölbe aus ungebrannten Ziegeln wurden in einem Grab in Dendera (am linken Nilufer) 3500 v. Chr. gefunden. Eine Entdeckung von Backsteinmauern aus gebranntem Ton auf Kreta läßt sich auf 1100 v. Chr. datieren. In Babylon errichtete man 600 v. Chr. Palastbauten aus Backsteinen, die zum Teil auch eine farbige Glasur trugen.[70]

Schon Vitruv sah im Backstein ein edleres Material als in dem von der Natur geformten Stein, denn erst durch Menschenhand wird der Ton aufbereitet, und durch das Brennen erhält er seine Festigkeit. So verdient der Stoff, durch den menschlichen Geist veredelt, eine höhere Wertschätzung als der Naturstein; wenn »... also Könige von so großer Macht die Structur von Ziegelmauern nicht verschmäht haben, während ihnen doch durch Zolleinnahmen und Beute häufig Gelegenheit gegeben war, nicht nur aus Bruchsteinen oder Quadern, sondern selbst aus Marmor zu bauen; so glaube ich nicht, daß man die Gebäude, welche aus Ziegelsteinmauern gebaut sind, mißbilligen darf...«[71]

Alberti nahm an, daß die Menschen aus einer Mittellosigkeit heraus den ungebrannten Ziegel zum Häuserbau benutzten. Als man bemerkte, daß mit relativ wenig Aufwand Mauerwerk entstand, welches auch noch schön anzusehen war, wurde der Backstein auch für königliche Bauten verwendet. Als dann durch Zufall oder durch Absicht erkannt wurde, daß Feuer Ziegel festigt, begann man, mit gebrannten Ziegeln zu bauen. »... Und soviel ich an dem ältesten Mauerwerk bemerkt habe, das wage ich tatsächlich zu behaupten, das man nichts finden kann, was zu jeglicher Art von Bauwerken besser verwendet werden kann, als den Ziegelstein ...«[72]

Dabei stellte Alberti die Haltbarkeit des Ziegelmauerwerkes in Abhängigkeit von der Qualität des Tones und dem Herstellungsprozeß. Er empfiehlt, den Ton im Herbst aus der Erde zu stechen und ihn über den Winter einzusumpfen. Er selbst habe erprobt, die Ziegelmasse wie Brotteig gären zu lassen, sie mehrmals durchzukneten und dabei von kleinsten

---

[69] Dierks, Klaus und Autorenkollektiv, »Baukonstruktionen«, Düsseldorf 1986, S. 40–41

[70] Wilhelm Kroll, (Herausgeber) »Paulys Realencyclopädie der classischen Altertumswissenschaft«, Stuttgart 1924, S. 894–904

[71] Carolus Lorentzen, »Marci Vitruvii Pollionis de architektura libri Decem«, Lib. II, Gothae 1857, S. 95

[72] Leone Battista Alberti, »Zehn Bücher über die Baukunst«, Reprint Darmstadt 1975, S. 98

Steinen zu reinigen. Er gibt an, die Ziegel »...dünn zu machen, damit sie mehr Kruste und weniger Mark bekommen...«[73], um somit eine große Dauerhaftigkeit zu erreichen.

Die Wiederbelebung des Backsteins basiert auf dem günstigen Verhältnis von wirtschaftlichem Aufwand und Leistungsfähigkeit. Backstein kann als Stütze und als Wandelement, als Rippe, Pfeiler und Schale dienen. Der horizontale Abschluß eines Bauwerkes wird in Form von Gewölben oder durch Ausfachen von Konstruktionen gebildet. Der Backstein hat damit den Vorteil, daß er gleichermaßen als tragendes und füllendes Material einsatzfähig ist.

Leicht werden die Backsteine aus einer immer wieder verwendbaren Form hergestellt. Der Ziegel ist handlich und bedarf zum Verbauen keiner größeren Hebewerkzeuge und anderer Techniken. Das steht im Kontrast zur Verarbeitung des Werksteines.

Backstein ist länger haltbar als ein herkömmlicher Putzbau von Kalkputz und bedarf kaum der Pflege. Die Wirtschaftlichkeit hängt dabei von den geographischen Gegebenheiten ab. Der Backstein kam immer dort zur Blüte, wo ein äquivalentes natürliches Material nicht zur Verfügung stand. Bei besonders ungünstigem Klima mit großen Temperaturschwankungen, Feuchtigkeit und Regen hat sich der Backsteinbau gegenüber dem Putzbau als haltbarer erwiesen.

Befindet sich eine Tongrube in der Nähe des Bauvorhabens, so entfallen lange Transportwege. Ein Zusammenspiel all dieser Faktoren führt zu dem Produkt Backstein, das nie aus dem Gebrauch gekommen ist und die Innovation für eine Bautradition bildet. Eng mit den technischen Prinzipien sind die ästhetischen verbunden, und erst das Verstehen dieses Verhältnisses bietet ein weiteres Kriterium der Wiederbelebung.

Die künstlerische Idee steht nicht losgelöst im Raum, sondern verwirklicht das Material. Der Backstein verpflichtet im Prozeß des Entwerfens zur Einhaltung bestimmter Grenzen, die sich aus seinem Charakter ergeben. Die Kenntnis dieses Charakters ist für den Entwurf unumgänglich. Unter seinem Einfluß treten die Gesetzmäßigkeiten des Backsteins in eine Wechselwirkung mit der Entwurfsidee, die sich materialspezifisch bis an einen Grenzbereich, den es auszuschöpfen gilt, entwickelt.

Beim Backstein entsteht eine glatte, farbintensive Oberfläche, die durch ein Fugennetz gegliedert wird und die Gestalt des Baues beeinflußt. Dabei gibt es vielfältige Umgangsmöglichkeiten, die Größe, Farbe und Oberfläche des Backsteins zu variieren und damit auch das Fugennetz zu bestimmen. Das durch die verschiedenen Mauerwerkverbände charakterisierte Bild beeinflußt die Farbe und Gestalt der Fugen. Für den Bau bedeutet es, daß zum Reiz der stofflichen Oberfläche die Gestalt der Fuge hinzutritt. Mit diesem sinnlichen Reiz, einer lebendigen Oberfläche, bekommt das Gebäude einen Teil seines unverwechselbaren Erscheinungsbildes. Die Größe des Backsteins beschrieb Vitruv für private Häuser kleinteiliger als für öffentliche Gebäude[74], das trifft jedoch nicht immer zu.

Mit dem Ziegelformat wird auch die Größe der Schmuckelemente, wenn sie sich in den Verband eingliedern sollen, bestimmt.

Für entworfene Schmuckelemente liefert der Ton die Möglichkeit, im Material zu bleiben. Der Maßstab, den das Ziegelformat angibt, muß sich bis zu einem bestimmten Grad dem gesamten Bau unterwerfen, denn im Verband eingebundene Sonderformate erwachsen aus dem natürlichen Verband und bilden eine Einheit mit der Oberflächenstruktur. Die andere Variante

---

[73] L. B. Alberti, Reprint 1975, S. 99
[74] Carolus Lorentzen, »Marci Vitruvii Pollionis de architektura libri Decem«, Lib. II, Gothae 1857, S. 71

ergibt sich aus der Verwendung des Terrakottaschmuckes ohne Berücksichtigung des Back-
steinmaßes und der Einbindung in den Verband, mit dem Bestreben, das Ornament aus der
Fassade herauswachsen zu lassen oder direkt auf die Fassade zu setzen.

Zur Verwirklichung jeder Entwurfsidee entsteht eine Auseinandersetzung mit dem Material,
um alle Phantasie in den gegebenen Grenzen zu entfalten. Sind die bekannten technischen
Möglichkeiten zur Verwirklichung der Entwurfsidee ungenügend, muß die Basis mit Hilfe der
Technik verändert werden und die Phantasie gepaart mit dem Gestaltungswillen regt die
Entwicklung von Formsteinen als plastischem Schmuck an. Die Baukeramik ist eine wesentliche Bereicherung der Backsteinarchitektur. Die Grenzen, die der Ziegelbau hat, werden
durch Einsatz von verschiedenen Materialien wie Holz und Eisen überbrückt, die dann zu
einem Ganzen verschmelzen. Trotzdem zwingt das Material den Architekten zu einer
Ehrlichkeit wie kein anderes Material.

3.2. Backsteinherstellung vor Schinkel

Die Arbeitsorganisation zur Errichtung eines Bauwerkes aus Backstein unterscheidet sich von
der der Hausteinarchitektur. Dabei gibt es gemeinsame Züge der Technik und Organisation
wie z.B. die Gründungen von Gebäuden auf Feldsteinen und Pfählen oder den Gerüstbau oder
die Hilfskonstruktionen beim Gewölbebau. Beim Haustein liegt meist eine zeitliche Übereinstimmung vom Brechen des Materials bis zum Vermauern vor. Die Materialvorbereitung und
die Bauarbeiten übertrug der Bauherr einer sich selbst verwaltenden Arbeitsgemeinschaft von
Werkleuten, der Bauhütte.

»...Im Falle des Hausteinbaues ist sowohl die Vorbereitung und die detailformende
Verarbeitung des Baumaterials als auch die im Zuge der Maurerarbeiten vorgenommene
eigentliche Baugestaltung als eine organisatorisch, technisch und künstlerisch zusammenhän-
gende, einheitliche Arbeitsleistung aufzufassen...«[75]

Beim Backsteinbau mußte der Bauherr, um das Baumaterial in entsprechender Qualität und
Menge zur Verfügung zu haben, Tonstecher, Lehmtreter, Ziegelstreicher und Ziegelschneider
anwerben und sie in den organisierten Arbeitsprozeß einer Ziegelei einbinden. Aufgrund der
fehlenden Technik dauerte es im späten Mittelalter fast 5–6 Jahre, bis das Baumaterial für einen
größeren Bau bereit stand. Bei Hausteinarchitekturen waren die Bauhütten durch die anfallen-
den Steinmetzarbeiten auch im Winter mit Arbeit versorgt. Das so bearbeitete Material
verbaute man dann in der wärmeren Jahreszeit.

Bei der Ziegelherstellung wurde im Winter nicht gearbeitet, und die Ziegelstreicher gingen
auf Wanderschaft, dadurch mußten in kurzer Zeit immer neue Arbeitsgruppen in den
Herstellungsprozeß eingebunden werden. Das Material behandelte der einzelne Ziegler

---

[75] Marian Arszynski, »Einige Gedanken zum Problem der Materialbedingtheit des Backsteinbaubetriebes«, in Wissenschaftliche Zeitschrift der Ernst-Moritz-Arndt-Universität Greifswald, Gesellschafts-
und Sprachwissenschaftliche Reihe, Heft 2/3, Jahrg. 29, 1980, S. 64

unterschiedlich. Oft waren die Tongruben nicht sehr groß und schnell erschöpft. Es mußten neue, mit anderer Qualität, verwendet werden. Dadurch fiel das Material in Farbe und Steinqualität meist sehr unterschiedlich aus. Um diesem Material eine Einheitlichkeit zu verleihen, versah man es mit einer Struktur. So ist es typisch, daß sich an Backsteinen des frühen 12. und 13. Jahrhunderts oftmals Scharrierungen finden. Diese schräg verlaufenden, flachen Rillungen entstanden durch ein kammähnliches Gerät, das auf der Oberfläche des lederharten Backsteins entlanggeführt wurde und damit den Eindruck einer bearbeiteten Hausteinoberfläche erzeugte.[76]

Die Ziegler standen mit dem direkten Bauen nicht in Verbindung. Damit gab es eine Zweiteilung zwischen Ziegelwerkstatt und Bauwerkstatt, im Gegensatz zur Bauhütte, die Gesimssteine für den Bau direkt am Ort anfertigte und einsetzte. Eine gemeinsame künstlerische oder technische Leitung dieser beiden Arbeitsgruppen zur Herstellung von Backsteinarchitektur konnte bisher nicht bewiesen werden.[77] Der bauleitende Architekt nahm also viele Jahre vor dem Baubeginn bezüglich der Formen und Maßangaben der Steine Einfluß. Dabei gab es mehrere Möglichkeiten:

1. Das Baumaterial bereitete der Bauherr ohne den Architekten vor, d.h. die Mauersteine wurden nach den landesüblichen Maßen gestrichen und Formsteine nach gängigen Vorbildern oder Vorlegeblättern hergestellt.
2. Das Baumaterial stellte man nach einem vom Architekten vorgegebenen Plan her (daraus könnte sich eine Stilverspätung der Profilformen an Backsteinarchitekturen erklären).
3. Die Mauersteine fertigte man langfristig an, während die Formsteine beim laufenden Prozeß des Baugeschehens produziert wurden.

Außer diesen drei Möglichkeiten, die den Bauprozeß vom Entwurf bis zur Ausführung unterschiedlich beeinflußten, ist überliefert, daß in Städten, Klöstern und Burgen kleinere Ziegeleien bestanden, die ihre Ware auf den Märkten feilboten.

So wurden Mauersteine ebenso wie Formsteine für einen Bau zusammengekauft. Dazu kam noch das aus Abbrüchen neu zur Verfügung stehende Steinmaterial. Diese Materialbasis erschwerte die Verwirklichung eines großen Entwurfes, und es kann nicht mit Gewißheit gesagt werden, ob bestimmte Formsteine den Entwurf eines Architekten oder nur eine zufällige Kombination aus beliebig zusammengekauftem Material widerspiegeln.

Schinkel hat mit seinem Entwurf zur Friedrich-Werderschen Kirche zum ersten Mal seit mehreren hundert Jahren in dem werksteinarmen Berlin ziegelsichtigen Backstein mit Formsteinen und Terrakotten geplant. Diese umfangreiche Aufgabe war technisch nur schwer zu lösen. Es waren bis dahin nur Mauersteine von zahlreichen kleinen Ziegeleien hergestellt worden, deren Materialien aber keine hohen Qualitätsansprüche erfüllen mußten, da sie ja eh durch Putz überdeckt wurden. Die technische Basis war kaum entwickelt und Technologien zur Herstellung von qualitätvollem Steinmaterial wenig bekannt und verbreitet.

Zu Beginn des 19. Jahrhunderts wird aus der verwendeten Literatur von 1790 bis 1820

---

[76] Karl Bernhard Kruse, »Kleines Glossar zur Geschichte der Herstellung und Verwendung von Backstein« in 84 Arch +, März 1986, Sonderausdruck aus – Mit Fug und Stein –, S. 68–69

[77] M. Arszynski, 1980, S. 64

ersichtlich[78], daß man die Art und Weise der Backsteinherstellung doch sehr vielfältig handhabe und dadurch sehr unterschiedliche Ergebnisse erzielte. Der Gebrauch von Backsteinen minderer Qualität war im preußischen Raum aus Mangel an Werkstein von jeher recht hoch. Da es wenige Werksteinvorkommen gab, wurde der Bedarf durch eine Vielzahl von kleineren Ziegeleien gedeckt.

In ihnen stellte man nicht nur Mauersteine, sondern auch Dachsteine und Fliesen aus Ton her. Der Mauerstein mußte keinen besonderen Qualitätsanforderungen standhalten. Ganz anders sah es bei den Dachsteinen und Fliesen aus, die dem Wind und Wetter täglich direkt ausgesetzt waren. Dabei bot die traditionsreiche Ziegelherstellung der Holländer Anhaltspunkte zur Verbesserung. Die dort bekannte Qualität der Steine ist hauptsächlich eine Folge der guten reinen Tonvorkommen.[79]

Mit der Veränderung der gesellschaftlichen Situation in Preußen nach den Befreiungskriegen standen umfangreiche Baumaßnahmen auf der Tagesordnung, und die herkömmliche Ziegelproduktion reichte quantitativ und qualitativ nicht mehr aus.

In Preußen lagerte der Ton unter großen Sandschichten mit vielen Verunreinigungen. Im Winter wurde der mühsam geborgene Ton dem Frost ausgesetzt, um eine Zerbröckelung zu erreichen. Im Frühjahr traten Arbeiter den mit Wasser versetzten Ton durch. Dabei war es Aufgabe der Arbeiter, die mit den Füßen wahrgenommenen Steine, Kalkeinschlüsse, Wurzeln usw. herauszulesen. Die schwere Arbeit führten auch Ochsen oder Pferde aus, mit dem Nachteil, daß der Ton seine Einlagerungen größtenteils behielt.

Versuche, durch Schlämmen diese Verunreinigungen aus dem Ton herauszusortieren, brachten recht gute Ergebnisse. Jedoch konnte auch durch diese Methode, selbst wenn sie äußerst sorgfältig ausgeführt wurde, nicht vermieden werden, daß Einschlüsse in der Masse blieben. So ist die schlechte Qualität der Ziegel in erster Linie auf den zu verarbeitenden Ton mit seinen qualitätsmindernen Substanzen, aber auch auf die ungenügende Aufbereitung

---

[78] S. L. Crusius, »Ziegelbrennerey wie sie behandelt wird und wie sie behandelt werden sollte...«, Leipzig 1797

David Gilly, »Abriss der Cameral Bauwissenschaft«, Berlin 1799

J. Ch. Eiselen, »Ausführliche theoretisch-praktische Anleitung zum Ziegelbrennen mit Torf«, Berlin 1802

L. Catel, »Vorschläge zu einigen wesentlichen Verbesserungen der Ziegel...«, Berlin 1806

J. N. Schönauer, »Praktische Darstellung der Ziegelhüttenkunde«, Salzburg 1815

Johann Reinhold Forster, »Auf Vernunft und Erfahrung gegründete Anleitung den Kalch und den Mörtel so zu bereiten, daß die damit auszuführenden Gebäude ungleich dauerhafter seyen, auch im Ganzen genommen weniger Kalch verbraucht werde«, Berlin 1820

D. Gilly, »Sammlung nützlicher Aufsätze die Baukunst betreffend«, Berlin, Jahrg. 1799–1806, daraus folgende Aufsätze:

*Friderici, »Beitrag zu den Anleitungen mit getrockneten Luftziegeln zu bauen und insbesondere über die Verbindung der Frontmauern von gebrannten Steinen mit den innern Scheide-Mauern von Luftziegeln«, 1. Bd., 3. Jahrg., 1799, S. 98–106

*D. Gilly, »Über die Anfertigung von Steinen aus den Brocken alter Mauern«, 1. Bd., 5. Jahrg., 1803, S. 128–130

*Schulz, »Bemerkungen über die Ziegelbrennerei zwischen der Elbe und Schelde«, 1. Bd., 6. Jahrg., 1804, S. 69–84

*Simon, »Berichtigung einer Behauptung in Absicht der Holländischen Ziegel«, 2. Bd., 6. Jahrg., 1806, S. 91–94

[79] F. J. E. Schulz, »Einige Bemerkungen zur Holländischen Ziegel-Fabrikation«, Königsberg 1805

zurückzuführen. Nach dieser Erkenntnis empfahl 1806 Louis Catel[80], zwischen dem Treten und Schlämmen das »Schroten« einzuführen. Das bedeutet, den Ton in viele kleine, dünne Scheiben zu schneiden, um dadurch festere Substanzen zu zerstören.

Auch sollte dem Prozeß des Tretens noch die Bearbeitung der Masse mit einer Zerkleinerungsmaschine vorgelagert werden.

3.3 Herstellung der Ziegel in Formen

Ein Streicher stellte mit der so vorbereiteten Masse die Ziegel in einer Holzform her. Zur besseren Haltbarkeit trugen die Holzformen an ihren Kanten Eisenbeschläge[81].

Die Steine entstanden in einer oben und unten geöffneten Holzform, die um das Schwindmaß des Tones im Verhältnis zur gewünschten Gestalt vergrößert war. Das Tränken der Formen in Wasser förderte das Herausgleiten. Die Tonmasse wurde in die Form gedrückt und der überflüssige Ton mit einem Holz weggestrichen. Auf diese Art konnte ein Streicher in 12 Stunden 1200 Ziegel herstellen. Meist reichte der überdachte Platz zum Trocknen nicht aus, und die Rohlinge lagerten auf mit Sand bestreuter Erde im Freien. Dort verlangsamte sich der Trocknungsprozeß, und die schlechten Witterungsverhältnisse zerstörten einen Teil der Arbeit. Die Steine verzogen sich oftmals durch das Oberflächenwasser, das durch die in Wasser getränkten Formen entstand. Eine Nacharbeit, meistens von Kindern mit langen Messern ausgeführt, blieb dabei unvermeidlich. Um das zu verhindern, bestreute man die Formen mit Sand, somit blieb die Masse nicht an der Form kleben. Der so aus der Form gelangte Rohling ließ sich mit dieser Sandschicht aber nur schwer nacharbeiten, so daß später Schalungsöl zum Gleiten der Masse aus der Form verwendet wurde.

Zur Beschleunigung des Trocknungsprozesses gab es Schuppen, deren Seiten sich für die Luftzirkulation öffnen ließen. In diesen Holzschuppen standen Regale, die dann den geformten Stein mit seinem besandeten Unterlagenbrett aufnahmen.

Der Prozeß des Formens wurde durch Benetzen der Formen mit Wasser, Sand oder Öl sehr unterschiedlich gehandhabt. Ebenso widersprüchlich war der Umgang mit dem Rohling während des Trocknens von der direkten Lagerung auf der Erde, in Trockenschuppen oder in abgeschlossenen Räumen. Die schlechte Qualität der fertigen Ziegel war oftmals das Ergebnis der ungenügenden Tonaufbereitung, der schlechten Ausformung und der unsachgemäßen Trocknung und Nacharbeitung.

[80] Louis Catel, »Vorschläge zu einigen wesentlichen Verbesserungen der Fabrikationen der Ziegel, welche dahin abzwecken, sowohl im Winter als im Sommer Ziegel anfertigen zu können und dieselben mit der Hälfte des bisher erforderlich gewesenen Holzes zu brennen«, Berlin 1806

[81] Siegfried Lebrecht Crusius (Herausgeber) »Ziegelbrennerey wie sie behandelt wird und wie sie behandelt werden sollte wenn das allgemeine Beste nicht dabei unvermeidlich leiden soll«, Leipzig 1797, S. 32

3.4. Brennen der Ziegel

Die große Anzahl von Ziegelbrennereien zu Beginn des 19. Jahrhunderts brachte vielfältige Ofenkonstruktionen hervor, die eine ganz differenzierte Qualität von Ziegeln erzeugten. Es bestand dabei ein Zusammenhang zwischen der Feuerungsart und der Form des Ofens. In Preußen feuerte man mit Kiefern-, Fichten- und Tannenholz. Da die Holzpreise stiegen, lieferten die Holländer durch das Brennen mit Torf eine Alternative, während schlesische Erkenntnisse zum Brennen mit Steinkohle aufgrund des Fehlens dieses Brennstoffes kaum Anwendung fanden.

Es gab einfache Meiler, die oben geöffnet waren. Sie bestanden aus getrockneten Rohlingen, die sich rings um die Feuerstelle stapelten. Dabei blieben Zuglöcher frei, die zum gleichmäßigen Brennprozeß und zur Steuerung des Feuers geöffnet oder geschlossen werden konnten. Diese Öfen gab es in mehreren Varianten, sie verbrauchten viel Brennholz. Die erzielte Qualität war sehr unterschiedlich. Auch in Feldöfen, deren Mauern aus fest gemauerten, gebrannten Steinen bestanden, wurden Mauerziegel hergestellt, wobei es nach oben geöffnete und geschlossene Öfen jeweils mit Zuglöchern in der Decke gab.

Auch diente zur Steinlagerung um die Öfen und zur Lagerung des Brennholzes an den Öfen ein Haus oder ein Schuppen, der direkt mit dem Ofen verbunden war. Der Brennprozeß, das Schmauchen eingeschlossen, dauerte etwa, je nach Größe des Ofens, eine Woche. Diese Öfen waren klein und hoch und hatten meist nur eine Feuerstelle. Mit dem Brennmaterial Torf setzte eine Weiterentwicklung ein[82].

Man benötigte mehr Raum zur Lagerung des Brennmaterials. Torf erzeugt ein langsames, anhaltendes Feuer, so daß nach holländischem Vorbild langgestreckte Öfen mit jeweils einer Feuerungstätte an den Schmalseiten und Schürgassen an den Längseiten gebaut wurden. Zwischen den Schürgassen befanden sich auf den Lehmboden gestellte Bänke aus gebrannten Steinen, auf die dann die Ziegel gewölbeartig oder horizontal versetzt über den Schürgassen von Bank zu Bank gestapelt wurden. Der Brennprozeß in den Öfen dauerte je nach Größe 3 bis 6 Wochen. Um ein besseres Durchbacken der Ziegel zu erreichen, mußten sie so angeordnet werden, daß ein Finger zwischen dem Stoß Platz hatte.

Eine Schüttung von Steinkohlemehl zwischen den Ziegeln verminderte am Anfang des Brennens den Zug, und am Ende vergrößerte sie die Hitze. In so einem Ofen konnten je nach Ofengröße 20 000–40 000 Ziegel gebrannt werden, wobei der Ziegler für einen gelungenen Brand etwa 1 Rthaler, 6 Gr. pro 1000 Mauersteine erhielt. Die Ziegel kosteten zwischen 8–9 Rthaler pro 1000 Stück.

Ein zwei- oder sogar vierfeuriger (Anzahl der Feuerstellen) Ofen ließ sich nur schwer kontrollieren. Der Brand war oft ungleichmäßig, so daß die Bauweise dieser flachen, langgestreckten, nach oben von einem Gewölbe oder einer glatten Decke mit verschließbaren Zuglöchern versehenen Öfen in dieser Zeit sich nicht als zweckmäßig herausstellte.

Die Öfen mit einer Feuerstelle von max. 12 Fuß Tiefe waren dabei die günstigeren. Hier entfaltete sich das Feuer gleichmäßig und blieb kontrollierbar. Die Idealmaße für einen Torf-

---

[82] F. I. E. Schulz, »Einige Bemerkungen über die holländische Ziegelfabrikation«, Königsberg 1805

Ofen waren wohl 8 Ellen hoch, 5 Ellen breit und 5 1/4 Ellen tief. Dadurch war eine gleichmäßige Hitze zu erreichen. Versuche in herkömmlichen Öfen ergaben, daß die Hitze im unteren Bereich des Ofens so groß wurde, daß der Stein schmolz, während er oben noch nicht garte.

Im Jahre 1802 gab der Ofenbauer Eiselen seine Erfahrung an die Öffentlichkeit. Er bezog sich auf mehrere von ihm gebaute Öfen und auf seine holländischen Erfahrungen. Er riet von rechteckigen oder parallelogrammartigen Öfen mit mehreren Feuerstellen ab, da diese nur zur ungleichmäßigen Verbreitung der Wärme führten, und entwarf einen ovalen Ofen, der der kegelförmigen Form des Feuers entsprach[83]. Die Vorteile waren rasche Entwicklung des Feuers, Einsparung von Brennmaterial, gleichmäßige Feuerausbreitung und somit die annähernd gleiche Qualität aller Steine. Der Ofen war mit mehreren Herden, Schürgassen und mit Aschefallrosten versehen. In die gewölbte oder flache Decke wurden verschließbare Zuglöcher eingebracht. Die Schürgassen hatten Türen mit Zugklappen (Abb. 20 u. 20a).

In den Ofen wurden nur gut getrocknete Steine eingesetzt. Diese schmauchte man in der Regel erst zwei bis drei Tage, und erst wenn der Rauch nicht mehr feucht und klebrig war, wurde mit dem eigentlichen Brand begonnen. Zur Steuerung der Hitze öffneten sich die Zuglöcher bei einem ovalen Ofen an der einen Seite, um nach deren Schließung mit den Zuglöchern der anderen Seite auf das Feuer Einfluß zu nehmen.

Die letzte Phase des Brennprozesses, das Brennen mit großer Hitze, umfaßte das vollständige Schließen aller Zuglöcher und Schürstellen bis zum allmählichen Erkalten des Ofens. Mit diesem im Jahre 1797 gebauten Ofen wurden wohl gute Ergebnisse in der Steinqualität erzielt. Etwa 30 000 Mauersteine, die ca. 250 Rthl kosteten, brachten einen Gewinn von ca. 67 Rthalern. Da vom Frühjahr bis zum Herbst etwa 10 Brände dieser Art erfolgten, lag der jährliche Reingewinn einer solchen Ziegelei bei 670 Rthl.

3.5. Ermittlung der Steinqualität

Die Qualität eines Steines bestimmt zum einen seine Maßgenauigkeit und zum anderen sein Klang, wobei die Helligkeit des Klanges die Festigkeit des Materials charakterisiert. Die Farbigkeit des Tones hat darauf keinen Einfluß, sie ist lediglich Ausdruck der Eisenhaltigkeit des Tones (je eisenhaltiger, um so farbintensiver). Eine gräuliche Farbigkeit wurde durch den Zusatz von Ellernholz (Holz der Erle) beim Brennprozeß erreicht. Die Literatur zur Steinherstellung zwischen 1797–1820, die den Zustand der Ziegelproduktion vor dem Einsetzen des großen Bedarfs an Formsteinen und maßgenauen Steinen für ein Sichtmauerwerk dokumentiert, zeigt die experimentelle Situation. Da die Qualitätsanforderungen an das Ziegelmaterial des materialsichtigen Backsteinbaues besonders hoch lagen, wurden alle Möglichkeiten zur

---

[83] Johann Christoph Eiselen, »Ausführliche theoretisch-praktische Anleitung zum Ziegelbrennen mit Torf«, Berlin 1802, S. 120–125

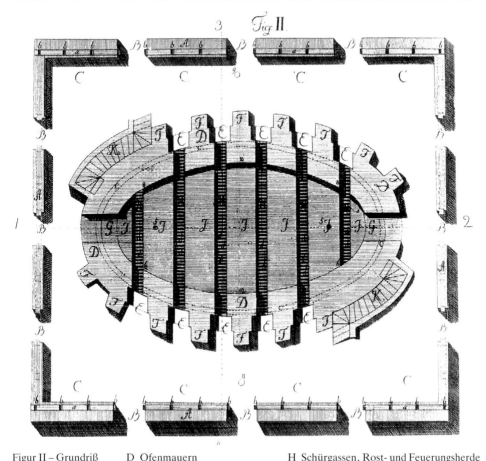

Figur II – Grundriß

A Fundamente	D Ofenmauern	H Schürgassen, Rost- und Feuerungsherde
B Eingänge	E Schürlöcher	I Steinherde
C Brennstofflagerung	F Strebepfeiler der Ofenmauern	K Treppen zur Ofendecke
	G Ein- und Auskarrtüren	zum Dirigieren des Feuers

Abb. 20 Darstellung eines ovalen Ofens, Berlin 1802, Anhang I, Figur II

Verbesserung der Qualität untersucht. Die Tonaufbereitung war sehr mangelhaft. Für das Formen gab es keine grundsätzlichen Richtlinien. Der Trocknungsprozeß war unorganisiert und dem Zufall überlassen. Beim Brennen existierte keine einheitliche Vorgabe. Der Brennprozeß erfolgte in unterschiedlichen Öfen mal mit Holz, Torf oder Kohle. Der Erkenntnisstand über die Ziegelproduktion stellt sich doch sehr verschieden dar. Obwohl die Technik der Backsteinherstellung mehrere tausend Jahre alt ist, belegen all diese Studien, daß es vor Beginn des großen Baubooms mit ziegelsichtigem Backstein, den Schinkel in Preußen auslöste, keine einheitliche Konzeption zur Herstellung von ästhethisch und materialtechnisch qualitätvollen Steinen gab, die problemlos ziegelsichtig vermauert werden konnten.

Dazu kommt noch der große Bedarf an sonderformatigen Formsteinen. Der Bau der Friedrich-Werderschen Kirche forderte als erstes Bauwerk Formsteine für Gesimse, Fenster und Türleibungen sowie Terrakotten für einen Akanthusfries, Basen und Kapitelle.

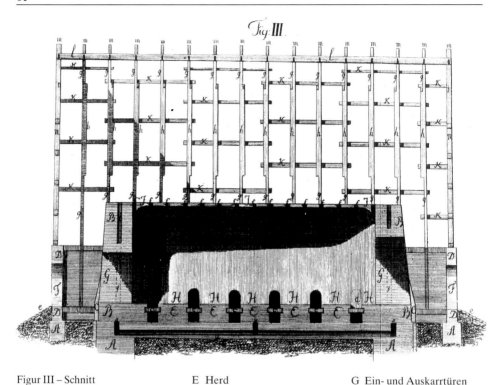

Abb. 20a Darstellung eines ovalen Ofens, Berlin 1802, Anhang I, Figur III

Figur III – Schnitt	E Herd	G Ein- und Auskarrtüren
A Fundament	b Zugkanäle	H Steinherd oder Steinbänke
B Ofenmauern	c Roststeine	I Ofendecke
C Strebepfeiler	d Schürgassen	f Zugröhren
D Umfassungsmauer	F Eingangstüren	

3.6. Herstellung der Steine für die Friedrich-Werdersche Kirche

Eine Beschreibung der Joachimstaler Ziegelei gibt Auskunft über die Herstellung der Steine für die Friedrich-Werdersche Kirche.[84] Die Leitung der Steinfertigung lag in den Händen von Ziegelinspektor Menzel.

Es ist bekannt, daß die Mauersteine und der größte Teil der Formsteine (alle Gesimse, Fenster- und Türleibungen und Stabwerke) aus der Joachimstaler Ziegelei kamen, während die Herstellung der Maßwerke, Basen, Kapitelle und der Akanthusblätter unter dem Traufgesims der Ofenfabrikant Feilner übernahm.

Die Joachimsthaler Ziegelei wurde im Jahre 1817 am östlichen Ende des Werbellinsees

---

[84] Menzel, »Beschreibung des Verfahrens bei der Fabrikation der Ziegel und des Mörtel auf der Königl. Ziegelei bei Joachimsthal«, Berlin 1846

angelegt. Sie stellte anfangs besonders qualitätvolle Steine zur Sanierung der verfallenen Wasserbauwerke des Finowkanals, der Oder und Havel verbindet, her. Aber auch für 14 Schleusen, die (alte) Glienicker Brücke, die Grüne Brücke in Potsdam, für die Kirche in Sacrow, die Fontainen-Anlagen in Sanssouci und für die Kuppel der Nikolaikirche in Potsdam lieferte die Ziegelei die Steine. Der Ton für diese Ziegelei wurde aus dem nahe gelegenen Grimnitzer Forst gewonnen. Das große Tonvorkommen von besonderer Güte eignete sich hervorragend, um die hohen Ansprüche an die Qualität der Steine zu befriedigen.

3.7. Aufbereiten des Tones

Das Graben des Tones erfolgte im Herbst. Die zu flachen Haufen von zwei Fuß Höhe zusammengetragene Tonmasse griffen Frost und wechselhafte Witterung gut an und ließen sie spröde werden. Im Frühjahr bis Mitte April wurde der Ton zur Ziegelei gebracht und dort unter Zusatz von Wasser und Sand eingesumpft. Nachdem er gut durchgeweicht war, traten barfüßige Menschen auf dem Tretplatz die ausgeworfene Masse. Dabei wurden Steine und andere Unregelmäßigkeiten ausgelesen. Der Masse für Klinkersteine mengte man statt 1/4 Volumenanteile Sand nur den 5. Teil bei. Die auf dem Tretplatz geknetete Tonmasse schrotete man zusätzlich mit Messern. Mit der somit erzeugten gleichmäßigen Konsistenz des Tones, durch das Abziehen und Abschaben noch verfeinert, entstand eine qualitätvolle Grundmasse. Bei geringen Qualitätsansprüchen traten Pferde die Masse, mit dem Nachteil, daß die Einlagerungen enthalten blieben. Einige Jahre nach Gründung der Ziegelei halfen Maschinen bei der Aufbereitung des Tones. Diese wurden, durch die günstige Lage am See, durch Wasserkraft angetrieben und nicht, wie in dieser Zeit üblich, durch die Muskelkraft von Pferden. Mit den neuen Maschinen wurden die Steine für die Friedrich-Werdersche Kirche hergestellt. Die Tonschneidemaschine zerschnitt den Ton in einem zylindrischen Behälter durch eine sich drehende, mit Messern bestückte Welle (Abb. 21).

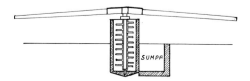

Abb. 21 Tonschneidemaschine der Königl. Ziegelei bei Joachimsthal, 1846

Bei dieser Methode blieben die Unreinheiten in der Masse erhalten. Für hochwertige Steine mußte die Masse vorher in einer Schlämmühle gesäubert werden. Die gut eingesumpfte Masse wurde in den massiven Schlämmkasten geworfen, wo eine waagerechte Welle mit 48 hölzernen Däumen unter Zusatz von Wasser die Masse zu einem flüssigen Brei rührte (Abb. 22).

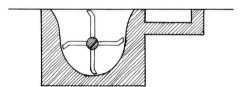

Abb. 22 Schlämmaschine der Königl. Ziegelei bei Joachimsthal, 1846

Die flüssige Tonmasse floß dann über ein Drahtsieb, dessen Maschen nicht über 1/8 Zoll groß sein durften. Dabei blieben die Unreinheiten im Netz hängen. Eine unter dem Sieb angebrachte Rinne leitete die Tonschlämme in Gruben, wo das überflüssige Wasser abfloß und verdunstete, bis der Ton für die Tonschneidemaschine die richtige Konsistenz hatte. Danach setzte der Formungsprozeß ein.

3.8. FORMEN DER ZIEGEL

Das Formen der Ziegel erfolgte in Holzformen, die in ihren Abmessungen das Schwindmaß des Tones berücksichtigten. Jeweils zwei Streicher arbeiteten parallel an jeder Seite des beweglichen Streichtisches. In der Mitte befand sich ein Wassertrog zum Benetzen der Formen. Die nach oben und unten offene Form saß auf einem befeuchteten Brett, das etwas größer als sie selbst war. Dann wurde die Tonmasse in die Form hineingeworfen, ausgedrückt und der überflüssige Ton mit einem »Streichholz« von der Form genommen. Die Form hob man dann an den seitlichen Griffen ab. Der so fertig geformte Mauerstein stand danach auf dem Brett in dem Trockengerüst des Trockenschuppens.

Das Verfahren wendete man bei Normalsteinen und einfachen Formsteinen an. Die einfachen Formen bestanden aus Eichenholz in einem Stück und hatten an der Seite Griffe zum Abziehen. Bei komplizierteren Steinen besaß die Form aus Eichenholz ein eingelagertes Futter und war durch Zapfen und Schloßteile aufklappbar. Bei diesen Formsteinen benetzte man die Form nicht mit Wasser, sondern mit Rüböl[85]. Die Form saß auf einem eichenen Brett, mit Leinwand bedeckt. Danach wurde das gut geschrotete Tonmaterial hineingegeben. Auf der gefüllten, von Leinwand bedeckten Form lag ein Bohlenholz, das mit einer Handramme einen kräftigen Stoß erhielt. Nach Entfernung des überflüssigen Tones durch ein »Streichholz« wurde die Form auf die andere Seite gedreht und auch hier der Ton nach dem gleichen Prinzip hineingedrückt und abgestrichen. Die Form hob man dann nicht einfach ab, sondern setzte sie mit den Rändern auf zwei Klötzchen, die höher waren als der zu erwartende Rohling. Ein hölzerner Stempel, der in seinem Umriß dem Innern der Holzform entsprach, drückte den Stein gleichmäßig aus der Form auf das mit Sand bestreute Trockenbrett (Abb. 23). Bei

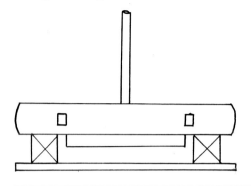

Abb. 23 Holzform auf Klötzchen gelagert, mit Stempel zum Herausdrücken der Tonmasse, in der Königl. Ziegelei bei Joachimsthal, 1846

---

[85] Menzel, 1846, S. 7

unterschnittenen Formen lag in der aufklappbaren Kastenform ein aus mehreren Teilen bestehendes, durch Einkämmungen aneinandergefügtes Formfutter (Abb. 24). Damit konnte

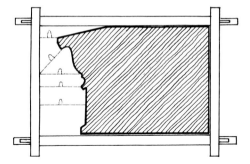

Abb. 24 Holzfom mit beweglichem Futter, in der Königl. Ziegelei bei Joachimsthal, 1846

sich nichts verschieben. Dann wurde die Masse eingedrückt, eingerammt und glattgestrichen. Nach Bearbeitung der zweiten Seite klappte man die Mutterform auf und löste das Formfutter behutsam ab. Das Nachputzen geschah mit dem Messer und einem feuchten Schwamm.

Nach dem gleichen Prinzip wurden auch die Eck- und Winkelsteine des Fenster- und Sockelgesimses der Friedrich-Werderschen Kirche hergestellt. Bei Formen ohne Unterschneidungen war das Formfutter mit der Mutterform verdübelt. Die Formen waren durch Zapfen und Schloßteile auseinandernehmbar.

3.9. Trocknen der Formsteine

Beim Trocknen der normalformatigen Steine in unbeheizten Trockenschuppen, wo der Luftzug durch Türen und Klappluken entstand, tauchten keine Schwierigkeiten auf. Das mit Sand bestreute Trockenbrett verhinderte das Ankleben der Steine und förderte ein gleichmäßiges Trocknen und Schwinden. Bei großen Formsteinen jedoch dauerte es mehrere Monate, bis sie trockneten, und sie mußten in den ersten drei Wochen vor Luftzug völlig geschützt werden, damit die Lagerfläche sich nicht ungleich zusammenzog. Zwischen den einzelnen Formsteinen stellte man ungebrannte, trockene Tonplatten auf, die Feuchtigkeit anzogen und den Rohling vor Luftzug schützten. Sehr komplizierte Steine erhielten zusätzlich einen Tondeckel.

Bevor die Steine ganz getrocknet waren, wurden sie geputzt. Das erfolgte bei einfachen Steinen in den Gängen der Trockenscheunen, meistens von Kindern, die die Grate und Überstände mit Putzmessern von 10–12 Zoll Länge beseitigten. Bei dieser Arbeit mit dem Messer aus freier Hand entstanden oft schiefwinklige gebogene Flächen. Darum kam es bei wichtigen Steinen zur Anwendung einer Art Lehre. Ein hölzerner Keil klemmte die Steine in eine winkelrechte, hölzerne Form ein, die etwas länger als der Stein und oben wie an der Winkelseite mit Eisen glatt beschlagen war. An diesen beschlagenen Seiten ragte der Stein um 1/12 Zoll heraus. Den Rohling schnitt ein Messer, das an dem Eisenbeschlag entlangführte. Bei dem gewendeten Stein wiederholte sich das Verfahren auf der anderen Seite. Das dabei durch den Überstand verlorengegangene Material berücksichtigte das Verhältnis der Form zur gewünschten Größe.

3.10. Brennen der Formsteine

Nachdem die Steine vollständig trocken waren, kamen sie in den rechteckigen, von mehreren Schürgassen gegliederten Ofen. Sie wurden auf gemauerten, von Sand bedeckten Bänken zwischen den Schürgassen gestapelt. Auf den Bänken wurden die Mauersteine 3 Fuß hoch geschichtet und die so entstandenen Feuerkanäle von Rohlingen überwölbt. Darüber saßen die wertvollen, beschnittenen Steine und Formsteine mit 3/4 Zoll Zwischenräumen durchweg hochkantig. In dieser Zone entwickelte sich das Feuer am dauerhaftesten. Die übrigen Räume des Ofens füllten normale Mauersteine. Formsteine lagerten nur maximal vier Fuß übereinander, und zwar möglichst zwischen den Mauersteinen, so daß sie nur ihre eigene Last zu tragen hatten.

Wegen des großen Bedarfs an Formsteinen war diese Stapelungsart nicht immer möglich. Bei vielen Formsteinen entstanden, entsprechend der Gestalt der Rohlinge, große Zwischenräume, in denen sich eine besondere Hitze entwickelte. Um diese zu vermindern, wurde von der Decke des Ofens an solchen Stellen, die durch die helle Glut wahrnehmbar waren, trockener Sand herabgestreut und die Decke hier mit feuchtem Lehm bedeckt. Dadurch geriet das Feuer an den erhitzten Stellen ins Stocken und zog sich an die trockenen Stellen, der Ofendecke entsprechend, zurück. Der rechteckige, 17 Fuß lange Ofen war oben offen. Über den gestapelten, zu brennenden Steinen wurde eine feste Decke aus flach gelegten, gebrannten Mauersteinen gebildet. Es blieben jedoch quadratische Zugöffnungen von 8–9 Zoll im Abstand von etwa vier Fuß voneinander entfernt frei. Die Decke wurde dann 4–5 Zoll stark mit nassem Lehm beschüttet und mit Holzschuhen festgetreten. Die so entstandenen Feuerröhren dienten zur Steuerung des Feuers. Dabei schmauchte man 8 bis 10 Tage lang (ein schwaches Feuer in den Schürgassen). Danach brannte an zwei Tagen ein verstärktes Feuer die Steine bis zur schwachen Rotglut, und die Rohlinge begannen zu garen. Das Feuer erhöhte sich bis zum Weißglühen der Steine und hielt etwa 10 bis 15 Stunden an. Der zugemauerte Ofen wurde erst nach dem vollständigen Erkalten geöffnet, dann konnten die Steine entnommen werden. Vom Jahre 1824 an lieferte die Joachimstaler Ziegelei die Steine für den Bau der Friedrich-Werderschen Kirche, es gab jedoch Schwierigkeiten, die große Menge an Steinen in der kurzen Zeit herzustellen, darum wurde außerdem die Ziegelei des Amtsrates Kähne in Petzow mit der Herstellung von 200 000 einfachen Mauersteinen beauftragt.

3.11. Herstellung der Formsteine in der Feilnerschen Werkstatt

Die Maßwerksteine der Fenster, die unter dem Traufgesims befindlichen Akanthusblätter und die Steine der Doppelportale einschließlich aller Halbsäulen, Basen, Kapitelle, Spitzbögen, Fünfpässe und allen figürlichen Schmuckes stellte der Ofenfabrikant Tobias Feilner in seiner Werkstatt her. Die Öfen Feilners waren durch ihre künstlerische Gestaltung sehr bekannt. Sie waren geschmückt mit figürlichen Terrakotten, vegetabilen Ranken, Vasen und Schalen von hoher künstlerischer Qualität[86]. Feilner stattete viele berühmte Häuser mit seinen Produkten aus. Seine Werkstatt war gut ausgerüstet und übernahm die Produktion der komplizierten und anspruchsvollen Formsteine. Er baute mit der Produktion der Steine für die Friedrich-Werdersche Kirche seine Werkstatt weiter aus.

Feilner verbesserte seine Technik durch eine Tonschlämmaschine, die zwar den Formstein als Produkt verteuerte, aber die Qualität der Tonmasse wesentlich erhöhte. Um den Prozeß der Herstellung zu beschleunigen, empfahl er, die Tonschlämme in besonderen Tonbehältern abzulagern, wo das Wasser schneller entweichen konnte. Er förderte den Verarbeitungsprozeß, in dem der Ton nicht sehr wässerte und so in der richtigen Konsistenz in die Form gegeben werden konnte.[87]

Die Halbrundsäulen, Archivolten, Kapitelle und Basen der Portale der Friedrich-Werderscher Kirche wurden bei der Restaurierung teilweise freigelegt. Damit war die Möglichkeit gegeben, ihre Herstellung näher zu erforschen. Die Schaftsteine der Halbsäulen und Archivolten sind im Ganzen aus einer Rundform gearbeitet und auf einer Drehscheibe nachgeputzt worden. In der Mitte enthalten sie ein Loch für Holzdübel. Nach demselben Verfahren, Herstellung in einer Rundform mit einem Hohlraum in der Mitte, sind auch die plastisch stark ausgebildeten Kapitelle entstanden. Dabei wurden die vegetabilen Verzierungen noch mit aller Feinheit so nachgearbeitet, daß ein plastisches Meisterwerk entstand. Dadurch konnten aus einer Form mehrere Kapitelle hergestellt werden, die, je nach ihrer Lage an der Seite oder in der Mitte der Portalumrahmung, mehr oder weniger Fläche zeigten. Auch die Basen sind jeweils aus einem runden Stück nach diesem Prinzip hergestellt, so daß sie an den Portalseiten nur knapp die Hälfte und in der Mitte fast 3/4 ihres Umfanges den Blicken des Betrachters freigeben können. Eine besondere Leistung bei dieser umfangreichen Aufgabe war die Fertigung des figürlichen Schmuckes am Südportal. Hier befindet sich in den Zwickeln zwischen Archivolten und Spitzbögen an jeder Seite eine lebensgroße Engelgestalt. Nach Schinkels Entwurf schuf Professor Wichmann das Modell, von dem dann die Form abgenommen und in der die tönerne Statue hergestellt, danach getrocknet und gebrannt wurde. Der Hauptschmuck des Portals ist der acht Fuß hohe Erzengel Michael, auf einem schlangenartigen Drachen stehend. Der Drache liegt auf einem großen verzierten Kapitell. Die Statue wurde aus drei hohlgebrannten Teilen nach Gottfried Schadows Einschätzung »in einer Größe, zu der man sich bis dahin noch nicht gewagt hatte«[88], geschaffen. Die drei aneinandergefügten Teile füllten im Innern mit Kitt vergossene Töpfe aus.

Bevor die Maßwerke der Fenster, die von Schinkel immer in Ton gedacht waren, zur Ausführung gelangten, gab es einige Unstimmigkeiten zwischen den zur Verfügung stehenden Geldern und dem Kostenanschlag von Feilner. Erst nach der verworfenen Idee, die Maßwerke in wesentlich teurerem roten Sandstein auszuführen, wurde der Töpfermeister Möllendorf mit einem Kostenanschlag zur Herstellung in Ton beauftragt. Damit erklärte Feilner sich nun bereit, die Maßwerke für die vorhandene Summe zu fertigen.

---

[86] Junecke/Abri, Schinkel-Lebenswerk, »Provinz Sachsen«, »Die Ausstattung einiger Räume im Schloß Neindorf«, Veröffentlichung 1992 geplant

[87] Feilner, »Über die beste Einrichtung einer Schlemmerei für die Fabrikation der Ziegel«, in S.Chr.R. Gebhardt – »Das Ganze der Ziegelfabrikation sowie der Kalk- und Gypsbrennerei«, Quedlinburg 1835, S. 26–28

[88] Paul Ortwin Rave, Schinkel – Lebenswerk, »Berlin–Teil I«, Berlin 1941, S. 274

Die Maßwerke der zehn Langhausfenster und fünf Chorfenster sind alle nach einem Prinzip hergestellt. Je ein äußeres und inneres Maßwerk der Langhaus- und der Chorfenster wurden auf der Erde in grober Gestalt, wohl auf der Grundlage einer um das Schwindmaß vergrößerten Zeichnung, ausgebreitet, um nun mit Profilschablonen die Drei- und Fünfpässe sowie die großen Wulststeine und flachen Stabwerksteine ziehen und mit Draht zuschneiden zu können. Nach dem Trocknungsprozeß nahm man von den Innen- und Außensteinrohlingen eine gemeinsame Gips- oder Holzform ab, die den Innen- und Außenstein in einem Stein vereinte. Ein senkrechtes Loch diente zum Verbinden der Steinschichten mit einem Eichenholzdübel.

Damit konnten aus jeder Form (Gips) bis zu 100 Steine gelangen. Inneres und äußeres Maßwerk des einmaligen Südfensters und auch das die Mitte zierende Kämpferband entstanden mit frei gezogenen Schablonen, die dann geschnittenen Innen- und Außensteine wurden aneinandergarniert.[89]

Da das Südfenster einmalig am Bau ist, wurden die Gipsformen für das Maßwerk nicht benötigt. Nur die Stabwerksteine entstanden, entsprechend denen der Chor- und Langhausfenster, aus Formen. In die Maßwerksteine führte von oben und unten ein Loch ca. ein Viertel in die Tiefe des Materials, um hier eine Verankerung mit Eichenholzdübeln vornehmen zu können. Dieses Verbindungsdetail konnte an allen Maßwerksteinen nachgewiesen werden.

3.12. Von der Steinherstellung der Friedrich-Werderschen Kirche ausgehende innovative Schübe auf die technische Entwicklung in den Ziegeleien

Die Friedrich-Werdersche Kirche setzt sich aus Steinen der Jochimsthaler Ziegelei, der Feilnerschen Werkstatt und der Ziegelei des Amtsrates Kähne zusammen. Die Steine im Innern lieferte die Ziegelei des Geheimrates Endell zu Berlinchen. Hier entstanden auch die leichten Steine für die Gewölbe. Durch Beimengung von gestoßenen Kohlestückchen für die Gewölbeziegel entwickelte sich beim Brennen in dem Tonmaterial eine Porösität, die das Gewicht des Steines verringerte und das Bindungsvermögen steigerte. Nach dem einfachen, formsteinlosen Backsteinbau der Arrestanstalt ist diese Kirche das erste Gebäude seit Jahrhunderten in Berlin, das aus ziegelsichtigen Mauersteinen, geziert von Formsteinen und Terrakotten, besteht. Als ein Meilenstein in der ästhetischen Bildung knüpfte der Bau an die Traditionen des Mittelalters an und lieferte Impulse für die technische Entwicklung der Backsteinherstellung.

Die besondere Sorgfalt bei der Erzeugung von einfachen, geraden, maßgenauen Mauersteinen wie auch bei der Herstellung von komplizierten Formsteinen brachte eine Weiterentwicklung der Technik in der Wentzelschen Ziegelei in Wusterhausen, die die Steine für die Bauakademie schuf. Die Verbesserung der Tonaufbereitungsmaschinen und der Formtechnik zeigte sich an der erhöhten Qualität der Steine für die Bauakademie. So zeichnete sich in der

---

[89] Die über die Herstellung der Maßwerke dargelegten Erkenntnisse beruhen auf Untersuchungen der einzelnen Steine am Bau sowie auf Erkenntnissen von Frau Hedwig Bollhagen und ihrem Mitarbeiter, Herrn Röger

Bauakademie das mit der Friedrich-Werderschen Kirche begonnene »... Streben, das einheimische Material des gebrannten Tones in allen Theilen des Gebäudes zu verkörpern und durchzubilden, seine Anwendbarkeit für die verschiedensten Konstruktionen und Formen zu zeigen, und durch Vervollkommnung der technischen Bearbeitung zu neuen Fortschritten in der Fabrikazion selbst zu ermuntern...«[90] ab. In der Wentzelschen Ziegelei kamen bei der Herstellung der Steine mehrere Maschinen zum Einsatz, wie die Schlämmaschine und die Tonschneidemaschine. Der Ofen in dieser Ziegelei war nicht rechtwinklig, sondern die Wände waren zur besseren Verteilung des Feuers nach außen geschwungen[91]. Die Nacharbeitung zur Erhöhung der Qualität der Steine erfolgte in trockenem Zustand durch Steinhobel und Messer[92]. Für die Formsteine wurde ein besonderer Apparat entwickelt, mit dem die Flächen zur Begrenzung der Stoß- und Lagerfugen rechtwinklig zur Länge geschnitten werden konnten.

Der Bedarf an qualitätvollen Steinen stieg, und die Produktionstechnik entwickelte sich weiter. Die Aufmauerung der Fialen der Friedrich-Werderschen Kirche mit behauenen Steinen zeigte[93], daß der Einsatz von gut geformten, mit akkuraten Tropfkanten versehenen Steinen und glatte Oberflächen sowohl für die Ästhetik als auch für die Erhaltung der Gebäude unumgänglich sind.

Für die Formsteine wurde in der Wentzelschen Ziegelei ein beheizter Trockenschuppen aus Stein gebaut, in dem die Rohlinge bei einer konstanten Temperatur von 30° C ohne Luftzug gleichmäßig trockneten und somit kaum Risse und Verwerfungen auftraten. Trotz der entwickelten Technik war die Ausführung der Bauakademie mit all ihren Formsteinen immer noch mit vielen Problemen verbunden, wie Schinkel sich in einem Brief an Klenze beklagt:

»... Der Bau der allgemeinen Bauschule hat in den letzten Monat noch die vollständige Architektur einiger Fenster erhalten, so daß wenigstens meine Neugierde über den Eindruck dieser feinen Arbeit in Terrakotta befriedigt ist, wenn leider das Ganze noch etwas wüst dasteht. So schwierig ist das ein solches Unternehmen in unseren Tagen, die hundertunddreißig verschiedenen Arten von Formsteinen, von denen jeder Sorte so verschiedene Quantitäten erfordert werden, wollen Zeit und Mühe haben und die Sicherheit des Gelingens bleibt allemal zweifelhaft. Nachdem man sich erst mit den Zeichnungen abgemüht hat, plagt man sich darauf mit den modellierenden Künstlern und dann gehen die Sorgen in der Ziegelei, mit dem Gelingen oder Nichtgelingen der Brände an. Vor dem Ende künftiges Jahres werde ich an die Vollendung des Baues nicht denken können...«[94]

In den 80er Jahren des 19. Jahrhunderts untersuchte A. Kuhnow Verwitterungen an Berliner Rohbauten. Dabei ist der Vergleich der Verwitterungserscheinungen an der Fassade der Bauakademie mit der der Friedrich-Werderschen Kirche interessant:

»... Der hervorragendste und epochemachende Rohbau Berlins ist die Bauakademie. Die Anfertigung des Verblendmaterials ist wohl nirgends in neuerer Zeit mit mehr Umsicht und

---

[90] Emil Flaminius, »Über den Bau des Hauses für die allgemeine Bauschule in Berlin«, in »Allgemeine Bauzeitung«, 1836, No. 1, S. 4
[91] E. Flaminius, 1838, No. 22, S. 199
[92] E. Flaminius, 1838, No. 21, S. 192
[93] Die Fialen waren kurzfristig aus behauenen Steinen entstanden
[94] Brief Schinkels an Klenze vom 20. Nov. 1834, Klenzeana XV. Schinkel, Bayerische Staatsbibliothek München

Sorgfalt geschehen. Es zeigen sich in Folge dessen auch nur sehr geringe Spuren von Verwitterung am ganzen Gebäude. Nach meinen Beobachtungen finden sich nur in der facade nach der Werderschen Straße und der Werderschen Kirche hin im Paterregeschoß einige verwitterte Steine, die allerdings den Eindruck von Steinen machen, welche in der Rückbildung zum ungebrannten Stein in Folge nicht ganz klinkerhaften Brennens begriffen sind... Sehr gut erhalten ist die Verblendung an der Werderschen Kirche...«[95]

Obwohl die Fassade der Friedrich-Werderschen Kirche fast fünf Jahre älter ist, wurde ihr Zustand gegenüber des besonders gewissenhaft hergestellten Baumaterials der Bauakademie als sehr gut beschrieben. Die Friedrich-Werdersche Kirche stellte ein Experiment mit den noch nicht so in der Formsteinproduktion erfahrenen Ziegeleien dar. Die erzielte Steinqualität bewährte sich nach fast 50 Jahren noch immer.

Schinkels Schüler griffen die Technik der Formsteinherstellung auf und entwickelten sie weiter. Die Qualität der Ziegel, d.h. die Festigkeit, Oberflächenstruktur und Maßgenauigkeit, verbesserte sich mit den gewonnenen Erfahrungen von einem Bau zum anderen. Die technische Entwicklung der Backsteinproduktion vollzog sich bis in die sechziger Jahre des 19. Jahrhunderts unter größeren Schwierigkeiten im handwerklichen und technischen Bereich. Die Schwierigkeiten lagen als erstes noch immer in der Tonaufbereitung, wobei sich der Gebrauch von Schlämmaschinen und Tonschneidemaschinen bei dem schlechten märkischen Tonvorkommen langsam einheitlich durchsetzte. Nur konnten diese Maschinen aufgrund fehlender chemischer Analysen nicht richtig ausgenutzt werden. Mit diesen Maschinen stellte man fetten Ton (reinen Ton mit wenig Mergel, Sand und Schluff) oder mageren Ton mit Sand, Mergel und Schluff her. Der fette Ton ergab durch seine Dichte eine glatte geschlossene Oberfläche und war gut formbar. Er eignete sich besonders für Terrakotten und komplizierte Formsteine. Beim Trocknen des Rohlings kam es durch ungleichmäßiges Schwinden zu größeren Schwierigkeiten, Risse traten auf, und die Haltbarkeit des Produktes minderte sich erheblich. Durch die Zugabe von mehr Sand sank die Formbarkeit des Rohmaterials, das Produkt war nicht mehr so fein und scharfkantig. In vielen Experimenten wurde um das richtige Mischungsverhältnis gerungen.

In den fünfziger Jahren des 19. Jahrhunderts begann die Ziegelpresse sich zur Herstellung von Quader- und einfachen Profilsteinen durchzusetzen. Die Qualität der Steine in ihrer Maßgenauigkeit und Festigkeit stieg enorm gegenüber den Handstrichziegeln in sehr kurzer Produktionszeit. Die durch ein Mundstück gedrückten Tonstränge wurden von Drahtrastern auf die entsprechende Länge geschnitten. In dem ästhetischen Streben nach Perfektion entstand damit ein wichtiges Umsetzungsmittel. Die Terrakotten mußten stattdessen in mühevoller Kleinarbeit nach dem Verfahren »Zeichnung-Modell-Form-Rohling« hergestellt werden, wobei zwischen den vier Stufen viel handwerkliche Feinarbeit wie Putzen, Garnieren, Korrigieren und Ausbessern lag.

Den Prozeß des Trocknens machten, wie schon bei der Bauakademie beschrieben, beheizbare Schuppen stetiger und kontrollierbarer. Jedoch war der eigentliche Brennvorgang immer noch schwer zu regeln. Eine einheitliche Gestalt der Öfen setzte sich bis zu den 40er Jahren noch nicht durch. Es wurde in rechteckigen und ovalen Öfen mit einer und mehreren Feuerstellen, oben geschlossen oder offen, gebrannt. Nur die Meiler, die durch Aufstapeln der zu brennenden Steine entstanden, verschwanden aus der Landschaft. Die Öfen brachten nicht

---

[95] A. Kuhnow, »Verwitterungen an Berliner Roh-Bauten«. Berlin 1884, S. 28

an allen Stellen eine gleichbleibende beständige Hitze, die ein gutes Durchbacken der Steine zuließ. Erst zu Beginn der 50er Jahre trat mit dem Ringofen eine wesentliche Neuerung ein. Diesen Ofen entwarf Friedrich Hoffmann für eine Ziegelei in Scholwin bei Stettin.

Der überdachte Rundofen mit einem Durchmesser von 80 Fuß beherbergte unter einem Dach von 160 Fuß Durchmesser auch gleich die Trockenschuppen und das Lager für Brennmaterial.[96]

Mehrere »Öfen« nebeneinander nutzten die Hitze eines Brennofens. So ordnete man für die Trocknung der Steine, das Schmauchen, das Brennen und Auskühlen mehrere Kammern hintereinander an, daß das Feuer von »Ofen« zu »Ofen« »wandern« konnte.[97] In den 70er Jahren erhielt der Ofen schlechte Kritiken, denn er reichte zwar zur Herstellung einfacher Mauerziegel aus, jedoch traten bei Terrakotten durch ungleichmäßige Hitze und durch den Einfluß der Verbrennungsgase unregelmäßige Tönungen auf.

Darum setzten sich für die Terrakottaherstellung die Etagen-Porzellanöfen mit ringförmiger Befeuerung, die auch bei der Herstellung von Keramiken benutzt wurden, durch. Doch auch hier waren die Ergebnisse durch schwer kontrollierbare Hitzeentwicklung und die Flugasche sehr unterschiedlich.

Mit den gut regulierbaren Gasbrennöfen trat eine wesentliche Verbesserung ein. Die Terrakotten wurden durch Schamottsteine von der großen Hitze getrennt, und der Brennprozeß konnte in seiner Intensität direkt gesteuert werden. Das Feuer breitete sich gleichmäßig aus, und die Flugasche verschmutzte die Oberfläche der Terrakotten nicht mehr.

Das Problem der farblichen Uneinheitlichkeit der Steine klärte sich. Die Farbigkeit der Steine wurde bestimmt von der Zusammensetzung des Tones sowie der Stärke und Gleichmäßigkeit der Hitze. Sie entwickelte sich aus den im Ton enthaltenen Metalloxiden, überwiegend Eisenoxid. Mit zunehmender Hitze veränderte sich die Farbe von gelb zu orange, rot, violett und braun. Enthielt die Rohmasse in Verbindung mit dem Eisenoxid auch Kalk, so wechselte die Farbigkeit während des Brennens von einem Rot bis zum Hellrot, Gelb oder Grau. Ein weiteres Problem waren, trotz steuerbarer Temperatur, die im Ton enthaltenen Verunreinigungen, die sich erst beim Brennen zeigten. Besonders eingelagerte Salze und gipshaltige Tone ließen einen Grauschleier zurück. Die Gipsformen sonderten Partikelchen ab, die sich am Rohling nur schwer ausbürsten ließen. Schließlich bewährte sich die Methode, die Teilchen durch einen Mehlbreiüberzug zu binden und nach dem Brennprozeß mit Wasser wieder zu lösen. Auch durch Umkleiden der Terrakotten mit geleimtem Papier, das mit feuerfestem Ton eine Kapsel bildete, schützte man die empfindlichen Steine vor größerer Hitze.

3.13. DAS ENGOBIEREN UND GLASIEREN

Eine wesentliche Bereicherung der Backsteinarchitektur stellt die Polychromie dar. Bereits bei der Bauakademie zeigen sich farbige Ziegelbänder.

---

[96] Zeitschrift für Bauwesen, Atlas, Jahrg. 10, 1860, Bl. 54
[97] Friedrich Hoffmann, »Ringförmige Brennöfen mit immerwährendem Betrieb«, in »Zeitschrift für Bauwesen«, Jahrg. 10, 1860, S. 523–540

Mit dem Engobieren wurde die Methode wiederbelebt, den getrockneten Stein durch Eintauchen in eine Metalloxid-Tonschlämme farbig zu gestalten. Diese Schlämme verbindet sich beim Brennen mit dem Ton und ist so an einfach geformten Steinen recht gut haltbar. Es rufen folgende Oxide bestimmte Farben hervor:

Eisenoxid = Rot, Braun, Violett, Schwarz
Uranoxid = Orangegelb
Manganoxid = Schwarz, Braun, Violett
Kobaltoxid = Blau, Schwarz, Grau

Eine weitere Methode der Polychromie an Backsteinfassaden ist die Verwendung von glasierten Steinen mit Schmelzglasuren. Dabei wird meistens nur der Sichtbereich des Steines behandelt. Der getrocknete Stein erhält einen Anstrich mit Fritte. Die bereits geschmolzene Glasmasse bekommt einen Zusatz von Farbstoffen, wie pulverisierte Metalloxide (Blei oder Zinn), und verflüssigt sich durch Hinzugabe von Bleiglätte oder Mennige. Bei Bleiglasuren muß der Untergrund des Steines mit weißer Tonmilch vorbehandelt werden, da sonst der rotbraune Ton durchscheint, während Zinnglasuren undurchsichtig sind.[98]

Diese wenigen Beispiele mögen genügen, um einen Einblick in den schwierigen Prozeß der Herstellung von qualitätvollen Backsteinprodukten zu geben.

Zu welcher Perfektion sich die Ziegeltechnik entwickelte, belegen Bauten aus der zweiten Hälfte des 19. Jahrhunderts bis zur heutigen Zeit.

3.14. Bedeutung des Mörtels

Ein Bestandteil des Mauerwerks ist der Mörtel. Von seiner dauerhaften Bindefähigkeit hängt die Beständigkeit des gesamten Gebäudes ab. Der Mörtel ist in der Geschichte nicht das einzige Mittel der Steinverbindung, auch Dübel, Bolzen und Klammern aus Eichenholz oder Eisen sind üblich. Oft werden diese zusätzlich zum Mörtel zur Lagersicherung von Werkstücken verwendet. Aber gerade beim Ziegelmauerwerk spielt der Mörtel zur Erhaltung und Gestaltung des Mauerwerkes eine bedeutende Rolle. Es hat sich bewährt, die Fuge nicht gleich bis zur Außenkante mit Mörtel zu füllen, sondern die verbleibenden Leerräume erst nach dem Aufmauern der Wände durch das Verfugen endgültig zu schließen. Allerdings erfordert diese Technik ein sehr gewissenhaftes und sorgfältiges Arbeiten. Das kann mit einem Fugeneisen oder Fugenholz, das der Fuge noch eine bestimmte Gestalt gibt, oder durch ein einfaches Glattstreichen geschehen.

Zur Färbung des Mörtels diente zu Beginn des 19. Jahrhunderts verkohltes Knochenpulver oder graues Beinaschenpulver und Ziegelmehl. Damit nimmt die Fuge in ihrer Größe, Farbigkeit und Form wesentlichen Einfluß auf die Gestaltung der Gebäudeoberfläche. Der Mörtel setzt sich aus ungelöschtem Kalk, Wasser und Sand zusammen. Reiner Kalk schwindet

[98] R. Neumann, »Über den Backstein«, in »Zeitschrift für Bauwesen«, Jahrg. 28, 1878, S. 101–114

beim Erhärten und Austrocknen. Es wurden etwa einem Volumenteil Kalk drei bis vier Volumenteile Sand beigemischt. Die Erkenntnisse zur Haltbarkeit des Mörtels basierten allein auf Erfahrungen. Bei Johann Reinhold Forster (1820) werden Versuche beschrieben, in denen statt mit Wasser mit Wein, Buttermilch, Dickmilch, wässrigem Rinderblut, Absud von Leinsamen, Baumöl und Leinöl gelöscht wurde, um eine dauerhaftere Bindung zu erzielen. Forster gelangte zu der Erkenntnis, daß diese Stoffe gegenüber dem Wasser die Haltbarkeit und Elastizität des Mörtels stark herabsetzen und auf die Dauer nur Schaden erzeugen. Auch wurde probiert, den Sand durch Ton, Gipsmehl oder Trass zu ersetzen. Mit Ton oder Gipsmehl angemachter Mörtel zog Feuchtigkeit an, Trass machte ihn mit der Zeit sehr bröckelig, spröde und trocken. Gute Ergebnisse in der Haltbarkeit erzielte der Zusatz von Zement. Den Zementmörtel beschrieb er aber als sehr starr und empfahl ihn nur für Unterwasserbauten[99].

In den zwanziger Jahren des 19. Jahrhunderts verwendete Schinkel am Schloß Tegel, das er mit einem dünnen, feingefugten Kalkputz hatte überziehen lassen, nach einigen Feuchtigkeitsschäden an der Fassade zur Ausbesserung der stark angegriffenen Stellen einen Zementputz.[100]

3.15. Der ästhetische Bildungsplan

Mit der Friedrich-Werderschen Kirche und der Bauakademie begann der Backstein, sich ästhetisch durchzusetzen. Dabei kam es auf die Solidität der Verarbeitung des Backsteinmaterials an, auf dem der gesamte ästhetische Anspruch basierte. Die Tradition der Herstellung von Mauerwerkverbänden, Vorkragungen, Schränkschichten, Rollschichten, Zahnschnitten und gestuften Gesimsen war verlorengegangen.

Eine Möglichkeit zur Vermittlung von Wissen über die Verarbeitungstechniken und den Umgang mit dem Baumaterial Backstein war dringend notwendig.

Neu entstandene Backsteinbauten, wie die Arrestanstalt, die Packhofgebäude und zwei der Vorstadtkirchen, die St. Johannis- und die Nazareth-Kirche, setzten Maßstäbe.

Das Streben nach Bildung, gepaart mit dem Wunsch, Bildung zu vermitteln, zeigte sich bei Schinkel schon zu Beginn des 19. Jahrhunderts auf seiner ersten Italienreise in den dort entwickelten Gedanken, ein architektonisches Lehrbuch zu verfassen. Die Bildung der Menschen in der Antike war für Schinkel ein Vorbild.

»...In jenen verschütteten Städten ist nicht des geringsten Mannes Haus ohne schöne Kunst, jeder hatte die Bildung, sich mit Gebildetem, an welchem Gedanken ausgesprochen sind, zu umgeben, und so entwickelte sich ein unendlicher Reichthum der Gedanken und eine Feinheit derselben, worin der Grundzug eines wahren Culturzustandes besteht...«[101]

Den Bildungsstand, der ihn allgemein umgab, schätzte Schinkel ganz anders ein und sah die dringende Notwendigkeit, das Bildungssystem für alle Menschen zu fördern.

---

[99] Johann Reinhold Forster, »Auf Vernunft und Erfahrung gegründete Anleitung den Kalch und den Mörtel so zu bereiten, daß die damit auszuführenden Gebäude ungleich dauerhafter seyen, auch im Ganzen genommen weniger Kalch verbraucht werde«, Berlin 1820, S. 69–70
[100] Bauakte zum Schloß Tegel (1827), Bl. 290, Privatbesitz
[101] Alfred von Wolzogen, »Aus Schinkels Nachlaß«, 3. Band, Berlin 1863, S. 356

»...Wie anders sieht dagegen so manches Land aus, wo man Tagesreisen macht, ehe man das Haus eines einzigen Begüterten und Privilegierten antrifft, der ungeschickt genug eine After-kunst um sich gesammelt hat und damit prunkt, während das Volk wenig über dem zahmen Hausthiere erhaben wohnt, lebt und kaum denkt...«[102]

Ein Ausdruck des Wunsches, den Menschen Bildung zu vermitteln, ist der Plan, den Schinkel sein ganzes Leben lang verfolgte, der Plan eines architektonischen Lehrbuches, der aber nie zu Ende geführt wurde. Schon während seiner ersten Italienreise reifte die Überlegung, mittelalterliche und neue italienische Gebäude in einem Tafelwerk in Heften herauszugeben, die das Ideal und die Prinzipien der Baukunst umfassen sollten.[103]

Die französische Besatzung und die schlechte wirtschaftliche Lage machten das Erscheinen von aufwendigen Architekturbüchern unmöglich, und Schinkel mußte seinen Plan zunächst aufgeben.

In den Jahren 1809-1810, der preußische Hof war nach Berlin zurückgekehrt, erhielt Schinkel eine Anstellung als Oberbauassessor in der Königlichen Oberbaudeputation. Er beschäftigte sich in diesen politisch unsicheren Zeiten aus einem Streben nach dem Nationalen Stil zur Entwicklung eines Nationalgefühles über Standes- und nationale Schranken hinweg mit deutschen mittelalterlichen Bauten, in der Absicht, diese aufzuarbeiten und zu veröffentlichen.

»...Die Nationen fallen, denn alles Menschliche dauert seine Zeit, aber sie erheben sich an den Denkmälern der Kunst und Wissenschaft wieder. Diese bleiben ehrwürdig und bleiben Probirsteine...«[104]

Aus dieser Zeit sind auch Manuskripte zur griechischen und römischen Baukunst und eine Kritik zu Hirts »Architektur-Lehrbuch« erhalten.[105] In seiner klassizistischen Fassung der Lehrbuchfragmente, die etwa gegen 1825 beginnen, gewinnt die antike Baukunst gegenüber der Gotik an Bedeutung.

»...Nachher verwirft Schinkel völlig, was ihm zuvor als das Höchste gegolten hat, nämlich den altdeutschen den vaterländischen Stil, die Gotik. Die Antike, die ihm zuvor in den Mausoleums-Erläuterungen[106]*, als bedeutungslos für uns Deutsche erschienen war, wird ihm nun die Baukunst schlechthin...«*[107]

Er studierte die antike Baukunst Griechenlands in Stichwerken, z. B. »Antiquities of Athen« von J. Stuart und N. Revett (1787–1790), sehr genau, denn eine gefahrlose Reise in die griechische Antike war erst nach der Befreiung von der Osmanischen Herrschaft möglich. Im Jahre 1825 entstand das Gemälde »Blick in Griechenlands Blüte«[108]. Schinkel betont in seiner Darstellung die Tätigkeit des Bauens, des »Machens«, und es reizt ihn, alle Phasen des

---

[102] A. v. Wolzogen, 3. Band, 1863, S. 356
[103] Goerd Peschken, Schinkel-Lebenswerk, »Das Architektonische Lehrbuch«, Berlin, München 1979, S. 11
[104] G. Peschken, 1979, S. 27
[105] G. Peschken, 1979, S. 25
[106] Gemeint sind die Entwürfe für ein Mausoleum der Königin Luise im Jahre 1810. Mit diesem Entwurf ist eine Abhandlung über die Prinzipien der mittelalterlich-gotischen Baukunst und deren Überlegenheit gegenüber der Antike verbunden, in Alfred v. Wolzogen, »Aus Schinkels Nachlaß«, Bd. III, Berlin 1863, S. 153–163
[107] G. Peschken, 1979, S. 38
[108] Ausgestellt in der Galerie der Romantik, Schloß Charlottenburg, Kopie von W. Ahlborn 1836

schöpferischen Prozesses vom Rohbau bis zum fertigen Tempel erlebbar zu machen. Durch die hier dargestellte Metapher des Bauens und Vollendens eines ionischen Tempels, vor dem Hintergrund einer landschaftlich eingebundenen, griechischen Idealstadt, erhält das Gemälde einen programmatischen Charakter und wird zum »Bildungsbild« dadurch, daß es dem Betrachter die ganze Fülle der Kultur eines höchst gebildeten Volkes vor Augen führt.

Für die großen Bauaufgaben, die nach den Befreiungskriegen zu lösen waren, galt es, neue Techniken zu entwickeln. Dabei arbeitete Schinkel in der staatlichen Gewerbeförderung und im technischen Unterrichtswesen. Seit 1816 war er gemeinsam mit seinem Freund Beuth in der technischen Deputation für Gewerbe tätig, um für die Gewerbeabteilung ein eigenes Bildungssystem aufzubauen. Mit der Trennung des Gewerbestandes von dem Bereich der höheren Bildung, wie es das Kultusministerium durchsetzte, entwickelten Schinkel und Beuth eine einheitliche Bildungskonzeption für Handwerker. So erschienen:

1827 die Vorlegeblätter für Maurer

1830 die Vorlegeblätter für Zimmerleute

1844 die Vorlegeblätter für Baumeister

Diese Grundlagen sollten das elementare Zeichenwerk der Akademie von 1803, das den neuen Stand der Techniken nicht berücksichtigte, ersetzen. In den Vorlegeblättern für Maurer wird z.B. die gesamte Kunst des Maurerhandwerkes vorgeführt. Da sind alle Steinverbände beschrieben und illustriert und ihre Anwendungsbereiche aufgezeigt, die Konstruktion von Tür- und Fensterstürzen sowie die verschiedenen Gewölbeformen nachahmungsgerecht aufbereitet, Form und Aufbau von verschiedenen Gesimsen, Fensterverdachungen und Dacheindeckungen erläutert, massive Treppenanlagen angegeben und Entwürfe zu Wohnhäusern planungsgerecht vermittelt[109].

Eine zweite, höhere Stufe des Lehrwerkes bilden die »Vorbilder für Fabrikanten und Handwerker«, bestehend aus einer Sammlung von vorbildlichen Gesimsformen und Zierat von griechischem Gebälk bis zu arabischen Brokaten. Schinkel erklärte dabei die Säulenordnungen und architektonische Elemente in zwei Aufsätzen. Die Fabrikanten und Handwerker sollten das Wesen der Bauformen erkennen, um diese verständnisvoll nachzuahmen.

»...Der Zweck architektonischer Glieder ist der, bei allen Gegenständen der Architektur: das Ganze oder die Theile zu begrenzen, zu endigen und zu vollenden, das Einzelne zu scheiden, es kräftiger hervorzuheben, oft das Breite der Massen zu theilen, oft getheilte Massen durch Gurtungen zu verbinden...«[110]

Mit diesen Schriften werden Schinkels Bestrebungen für die technische und ästhetische Bildung der Handwerker deutlich.

Die Englandreise förderte das Technische in seinen Lehrgedanken, und so entwickelten sich die Entwürfe von verschiedenen folgenden Projekten, nach der Wache und der Friedrich-Werderschen Kirche, weiter. Mit der Schöpfung der Bauakademie war nicht nur ein architektonisch neuartiges Gebäude entstanden, sondern auch ein Lehrstück, das den Erkenntnisstand der Technik in Verbindung mit der Form und Funktion demonstrierte. »...Der Schritt zur Zulassung aller Materialien hat vor allem die Bedeutung, daß jetzt die wirklichen Baumaterialien, nicht bloß gedachte, und die wirklichen Konstruktionen, nicht bloß gedachte, Architek-

[109] Karl Friedrich Schinkel, »Vorlegeblätter für Maurer«, Berlin 1835, S. 1–14

[110] Beuth/Schinkel, »Vorbilder für Fabrikanten und Handwerker«, 2. Abdruck, Textband Berlin 1863, S. 17, Bildband I, II, III, Berlin 1836–1871

tur werden…«[111] Goerd Peschken nennt diese Architektur, die sich in Schinkels Spätphase abzeichnete, die »Alte Sachlichkeit«[112], die Schinkel in seinen theoretischen Schriften und beispielgebenden Entwürfen lieferte. Diese Grundsätze sind in den Nutzbauten, wie Schulen, Krankenhäusern, Gefängnissen, als ein Gleichnis für preußische Rationalität und Effektivität aufgenommen und weitergeführt.

[111] G. Peschken, 1979, S. 112
[112] G. Peschken, 1979, S. 146

4. Kapitel:
ZUR BAUAUSFÜHRUNG

4.1. Von der Doppelkirche zur Simultankirche

Ende März 1824 entschied sich der König für den zweitürmigen, gotischen, backsteinernen Entwurf, und Schinkel erhielt den Auftrag zur genauen Durcharbeitung, die gegenüber der viertürmigen Anlage einige Schwierigkeiten brachte. Bei der Vierturmanlage nahmen je zwei Türme das dreiachsige Langhaus in die Mitte. Die Kirche grenzte mit der hinteren Schmalseite direkt an den Altbau der französischen Kirche. Schinkel bekam nun den Auftrag, die französische und die deutsche Gemeinde in dem Neubau gemeinsam unterzubringen. Dafür mußte das Langhaus zwei Achsen mehr und einen Chorabschluß erhalten. In dem fünfjochigen Langhaus mit abschließendem Chorpolygon sollte das vierte Joch durch je eine Trennwand von beiden Seiten abgeschottet werden. Hier befanden sich die Sakristeien beider Gemeinden (Abb. 25). Die Trennwände waren erst in Stein, später jedoch in Holz geplant und konnten, nachdem sich die französische Gemeinde verkleinert hatte, problemlos beseitigt werden (Abb. 26).

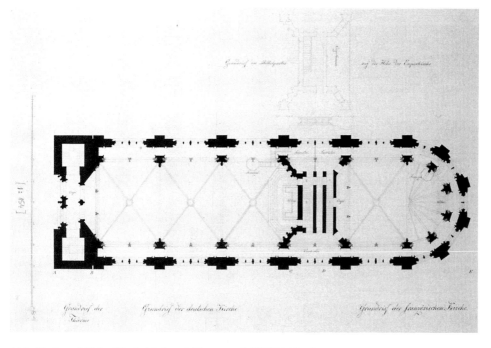

Abb. 25 Grundriß der Werderkirche mit Trennwand, KOBD, Tusche

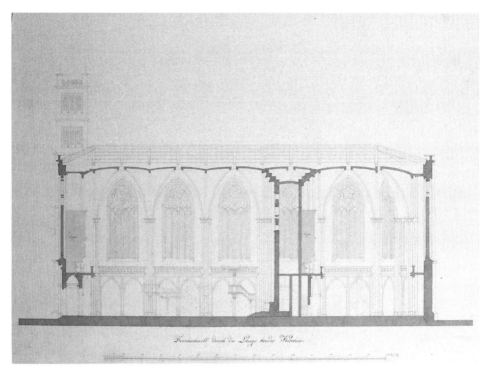

Abb. 26 Längsschnitt mit Trennwand und fehlender Attika, KOBD, Tusche, grau laviert

Die Ansicht der Trennwand, die in der »deutschen Kirche« die Altarrückwand bildete, gestaltete Schinkel in seinem Entwurf besonders reich (Abb. 27).

Das spitzbogig gefaßte, zentrale Gemälde zeigte »die Himmelfahrt Christus«, rechts und links von je zwei »Aposteldarstellungen« gerahmt. Darüber spannte sich im Querformat das Gemälde »Glaube, Liebe, Hoffnung«. Eine große Fensterrose, die das seitlich einfallende Licht der vierten Langhausfenster beleuchtet, bildete den oberen Abschluß der Wand. Zur deutschen Kirche führte der Südeingang in das nun dreijochige Schiff mit dem an der Trennwand angeordneten Altar.

Die französische Gemeinde betrat die Kirche durch den östlichen Eingang, gelangte in den Vorraum der vierten Achse, den Raum unter der Empore. Die Trennwand mit der Orgelempore auf der französischen Seite stand dem Polygon gegenüber. Wie ungünstig die Proportionen dieser schmalen hohen Räume gewesen wären, läßt sich leicht vorstellen. Auch Schinkel scheute sich, diese Varianten jemals perspektivisch darzustellen.

Statt dessen veröffentlichte er 1829 in der »Sammlung architectonischer Entwürfe« eine Idealperspektive des gesamten Innenraums mit Blick auf den Chor (Abb. 28).

Während des Baugeschehens fiel am 25. Mai 1829 die Planung der Trennwand weg, so daß der Innenraum noch entsprechend Schinkels Perspektive verändert werden konnte. Das vorhandene Ostportal, das in seiner Grundgestaltung dem Südportal entspricht, ist heute noch ein Beleg für diese Idee. Die bereits bei den Malern Carl Begas, Wilhelm Schadow und Wilhelm Wach bestellten Gemälde mußten nun im Innenraum untergebracht werden, und es erfolgte

Abb. 27 Siehe Farbtafel I am Schluß des Buches

eine Veränderung des Altars und der Orgelempore. Mit dem Wegfall der Trennwand konnte die Sakristei auch nicht mehr in der Kirche Platz finden. Das Problem löste der Anbau für zwei Sakristeien an die westliche vierte Achse und an 2/3 der fünften Achse des Langhauses. Mit der Zustimmung zur Simultannutzung forderten die Gemeinden diesen Anbau (Abb. 29).

Die eingeschossigen Sakristeien in Backstein wurden von Norden und Süden her durch eine spitzbogige Tür erschlossen. Den Baukörper gestaltete das umlaufende Sockelgesims. Die Westwand blieb fensterlos. Die beiden Räume (für die französische und deutsche Gemeinde) erhielten ihr Tageslicht durch in dem Pultdach liegende Oberlichtfenster.[113] Die Verbindung zum Kirchenschiff stellten spitzbogige Öffnungen in der vierten und fünften Achse, die teilweise noch erkennbar sind, dar (Abb. 30).

Im Frühjahr 1824 erfolgte der Abriß der alten Doppelkirche. Die Bauausführung des Neubaues bekam der Baurat Friedrich Moser übertragen. An seiner Seite arbeiteten noch zwei Kondukteure, Ludwig Ferdinand Hesse und Friedrich Krüger.

Während Schinkels zweiter Italienreise vom Juni bis Dezember 1824 wurde der Beginn des auf 250 000 Rthaler geschätzten Baues vorbereitet und eingeleitet. Dabei war es wichtig, die materielle Basis zu klären, d.h. die Ziegelherstellung, die in guter Qualität mit ästhetischem Anspruch termingemäß erfolgen mußte, zu organisieren. Nach Überprüfung der Anschläge schätzte die Königliche Oberbaudeputation das Vorhaben mit 197178 Rthaler ein. Diese Summe wurde nicht vollständig ausgeschöpft, so daß nach Beendigung 1000 Rthaler die Mitglieder der Baubehörde erhielten. Am 10. Juli 1831 fand die feierliche Einweihung der Kirche statt.

---

[113] Leopold Giese, »Die Friedrichs Werdersche Kirche zu Berlin«, Berlin 1921, S. 140

Abb. 28 Idealperspektive des Innenraumes der Friedrich-Werderschen Kirche, K. F. Schinkel, 1829

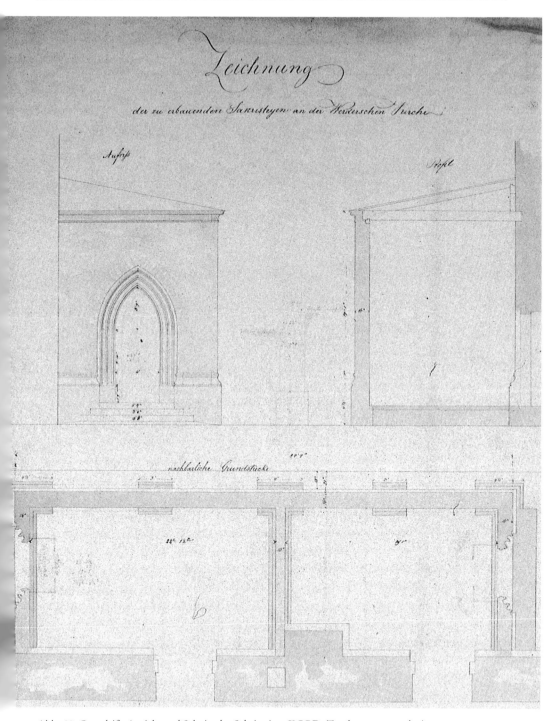

Abb. 29 Grundriß, Ansicht und Schnitt der Sakristeien, KOBD, Tusche, grau-rosa laviert

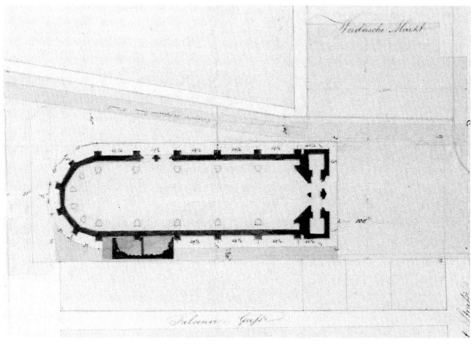

Abb. 30 Lageplan der Sakristeien, KOBD, Tusche, rot laviert

4.2. Beschreibung des Aussenbaues

Der Entwurf der Zweiturmanlage erstreckt sich auf einem langen schmalen Grundstück, das dem Neubau der Kirche die Richtung Nord-Süd zuwies. Die Eingangsfassade mit ihren Doppeltürmen bildet die Platzfront nach Süden (Abb. 31). Die Türme nehmen das große, spitzbogige Maßwerkfenster mit dem darunter befindlichen, reich gestalteten Portal zwischen sich. Die so gebildete Fassade, von den leicht vorspringenden Türmen begrenzt, schließt das vorkragende, von einem Akanthusblattfries gezierte Traufgesims mit darüber befindlichem Vierpaßgeländer nach oben ab. In die restliche Tiefe zwischen den Türmen erstreckt sich ein Pultdach, über dem sich eine Attikamauer erhebt. Dahinter liegt der Giebel des flachen Satteldaches. Den oberen Abschluß dieser Wand bildet das Gesims mit dem darüber befindlichen Vierpaßgeländer, jedoch ohne Akanthusblätter. Dieses Gesims setzt sich aus den gleichen Formsteinen zusammen wie das das Schiff umlaufende Fenstergesims. Das spitzbogige, von einer profilierten Leibung gerahmte Maßwerkfenster erhebt sich über dem Sohlbankgesims. Es hat mit der Leibung die stattlichen Maße von 14,935m Höhe und 6,410m Breite (lichte Maße 13,110m Höhe und 5,190m Breite). Diese enormen Ausmaße füllt ein großes Stabwerksystem aus zwei großen Spitzbogen, von tiefen, halbrund endenden Pfostensteinen gemauert und in der Mitte von einem Kämpfer geteilt. Je drei schmale Spitzbögen, aus schmalen, geraden Steinen, durch Windeisen in vier Abschnitte gegliedert, münden in den

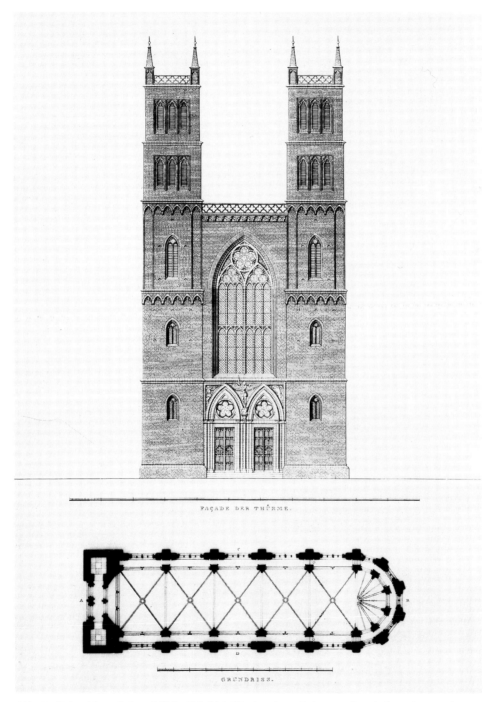

FAÇADE DER THÜRME.

GRUNDRISS.

Abb. 31 Südansicht und Grundriß der Friedrich-Werderschen Kirche (Angabe mit der nicht ausgeführten Holztür und Maßwerken in den Turmfenstern, Attika fehlt), K. F. Schinkel, 1829

Mittelkämpfer. Das durch Windeisen ausgesteifte Stabwerk mit seinen drei Spitzbögen auf jeder Seite setzt sich in gleicher Gliederung fort und bildet je drei Spitzbögen, einen Dreipaß tragend, die Maßwerkfüllung der großen Spitzbögen. Darüber sitzt ein Kreis, der einen Fünfpaß umschließt. Die unter dem Fenstergesims beginnende, von beiden Türmen flankierte, um zwei Stufen erhöhte Eingangszone rahmt zwischen den Portalen zwei je seitlich und drei mittig angeordnete Halbrundsäulen mit profilierten Basen und reich geschmückten Kapitellen (Abb. 32). Die Fläche über den Portalen faßt ein von seitlichen Halbsäulen gebildetes U-förmiges Halbrundprofil. Aus den Kapitellen der seitlichen Halbsäulen entwickeln sich Archivolten, die sich in zwei Spitzbögen bis zu den Kapitellen der mittleren Halbsäulen spannen. Die so entstandenen spitzbogigen Flächen füllt jeweils ein Kreis, geöffnet von einem Fünfpaß. Die Gliederung dieser Fassadenpartie bereichern verschiedene plastische Gestaltungselemente. Die zweiflügeligen Türen des Doppelportals sind aus Gußeisen in der Berliner Eisengießerei hergestellt, einer Technik, die sich in den zwanziger Jahren zu ihrer höchsten Perfektion entwickelte[114] (Abb. 33). In die eiserne Türrahmenkonstruktion fügen sich in fünf übereinander angeordneten, quadratischen Feldern Medaillons. Sie sind durch quadratische Rahmen eingefaßt, deren Zwickelflächen vegetabile Ornamente zieren. Engel schmücken die Medaillons (Abb. 34), die Friedrich Tieck nach Schinkels Entwurf in Gußeisen schuf. Jedes Medaillon trägt eine langgewandete Engelsgestalt mit ausgebreiteten Flügeln, in ihren Haltungen variiert und teilweise mit biblischen Sprüchen gestaltet. Die Türflügel sind oben in dem Sturz und in der Schwelle durch einen Dorn beweglich gelagert. In seinen ersten Entwürfen plante Schinkel die Türflügel in Holz aus vier übereinander angeordneten Zweipaßbögen, durch zwei Vierpässe mittig geteilt. Die profilierten Basen und die von Akanthusblättern gezierten Kapitelle bilden den Schmuck der aus je 29 Steinschichten zusammengesetzten fünf Halbsäulen. Die mittige tritt besonders hervor, und ihr Kapitell trägt ein weiteres postamentartiges, von Spitzbögen gestaltetes Kapitell, auf dem ein wurmähnlicher Drachen ruht. Auf ihm steht in einer Stand-Spielbein-Position der Erzengel Michael, mit Panzer und Schnürstiefeln bekleidet. Seine ausgebreiteten Flügel reichen von Spitzbogen zu Spitzbogen der Portalumrahmung. Mit der erhobenen rechten Hand hält er die auf den Drachenkopf gestellte Kreuzlanze. Mit der Hand des linken, angewinkelten Armes unterstützt er die schräge Position der Waffe. Damit gerät die sonst so symmetrisch gestaltete Eingangsfront aus dem optischen Gleichgewicht.

Der ehemals von Prof. Ludwig Wichmann aus drei Teilen in Terrakotta hergestellte Erzengel wurde 1914 wegen Schadhaftigkeit durch eine nach dem Terrakottavorbild vom Hofbildgießer Martin angefertigte Kupfertreibarbeit ersetzt. Den Erzengel Michael verwandte Schinkel nach den Befreiungskriegen oftmals als beliebtes Motiv. Die über den Portalen befindlichen rechteckigen und spitzbogigen Rahmungen lassen rechts und links Zwickel entstehen, die je ein reich gewandeter Engel gestaltet. Diese nicht symmetrisch angelegten Engel füllen mit ihren zur Mitte ausgebreiteten Flügeln die Flächen zum Spitzbogen hin und mit dem angelegten Flügel die senkrechte Rahmung.

In den Händen halten sie den Lorbeerkranz als Zeichen des Friedens. Der rechte Engel trägt den Lorbeerkranz über den zur Mitte gewendeten Kopf und richtet den Blick nach vorn auf die herantretende Gemeinde. Der linke hält den Lorbeerkranz in den Händen, mit leicht über der Brust gewinkelten Armen. Er richtet das Profil nach links, als schaue er zurück in die

---

[114] Vgl. »Magazin von Gußwaren der Königlich Preußischen Eisengießerei«, Heft 1 bis 8, Berlin 1819-1833

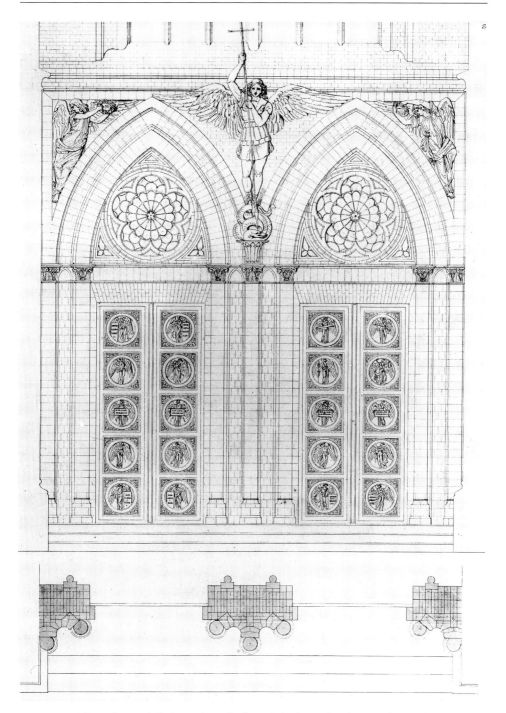

Abb. 32 Ansicht und Grundriß des Südportals der Friedrich-Werderschen Kirche, Zeichnung K. F. Schinkel, Feder, Tusche, laviert

Abb. 33 Gußeiserne Tür des südlichen Doppelportals (links), Foto 1987

Abb. 34 Gußeisernes Medaillon der Tür des südlichen Doppelportals, Foto 1987

Vergangenheit. Die Beine der Engel sind leicht angewinkelt, so wirken sie fast schwebend. Das Gewand läßt jeweils einen Fuß frei. Durch eine besondere Komposition stellt Schinkel das optische Gleichgewicht der Eingangsfassade wieder her. Der rechts sitzende Engel reicht mit seinem linken angelegten Flügel und mit dem linken angewinkelten Knie über die Halbrundrahmung hinaus. Damit erhält diese Partie eine zusätzliche Betonung und wirkt der Asymmetrie, die durch die nach links geneigte Lanze des Erzengels entstand, entgegen (Abb. 32).

Fünf horizontale Gesimse gliedern die Türme; sie sind aus jeweils gleichen Steinen in drei rechteckige und zwei quadratische Kompartimente zusammengesetzt. Die beiden unteren Quader öffnen an der Seite und vorn je ein mittig in unterschiedlicher Höhe angeordnetes, kleines, spitzbogiges, von einer profilierten Leibung gerahmtes Fenster. Das Gesims, das die Basis für den nächsten, den dritten Quader bildet, bereichert ein Dreipaßbogenfries, der unter dem letzten Gesimsstein sitzt. Diesen Quader rahmt an den Ecken je ein langgestreckter Dreipaßbogen, der in den abschließenden Dreipaßbogenfrieß mündet. Darüber setzen sich zwei Geschosse, von Gesimsen geteilt, frei gegen den Himmel fort. Diese öffnet auf jeder Seite je ein dreipaßbogiges, von schmalen Halbrundstäben allseitig gerahmtes Drillingsfenster. Das Traufgesims entspricht in seinem Steinaufbau den übrigen Turmgesimsen (ausgenommen das umlaufende Sockelgesims). Eine Fiale auf jeder Turmecke, zwischen denen sich das fünfachsige Vierpaßgeländer spannt, bildet den Abschluß der Türme.

Den quadratischen Rumpf der Turmfiale gestaltet an allen vier Seiten ein einfach rechteckig gerahmter, in einer Ebene liegender Dreipaßbogen. Über dem abschließenden Gesims erhebt sich die Pyramidenspitze, von einer Tüte mit einer vergoldeten Kugel geschmückt.

Schwach vorspringende, die Front der Türme aufnehmende Strebepfeiler teilen die Seitenfassaden in fünf Kompartimente (Abb. 35). Die nach oben leicht flacher werdenden, über das Traufgesims hinausgeführten Strebepfeiler erhalten ihre Leichtigkeit durch ein besonderes Gestaltungselement. Über dem Kaffgesims der Pfeiler erhebt sich ein langgestreckter Dreipaßbogen, in Höhe und Form dem Spitzbogenfries der Türme entsprechend. Über einem abschließenden Gesims folgt die schmalere, im Grundriß quadratische Fiale. Ihren Körper schmücken an drei Seiten je ein von profilierter rechteckiger Rahmung gefaßter, gestufter Dreipaßbogen. Über dem abschließenden Fialgesims erhebt sich die pyramidenförmige Spitze, mit zinkblecherner Tüte und vergoldeter Kugel bekrönt. Diese Fiale ist in ihrer Form durch die profilierten Rahmungen und den abgestuften Dreipaßbogen komplizierter als die Turmfiale ausgeführt. Die plastische Wirkung, das Licht- und Schattenspiel, erhöht sich dadurch wesentlich. Die reichere Gestaltung der Schiffialen läßt sich aus ihrer dem Auge näheren Position erklären. Da die Fialen ja nur aus behauenen Steinen geschaffen wurden, war eine so komplizierte Form für die Turmfialen nicht notwendig, und Schinkel entschied sich für die einfachere, handwerklich nicht so aufwendige Gestaltung, die ohnehin in dieser Höhe nicht erlebbar war.

Wäre es Schinkel möglich gewesen, die Fialen aus Formsteinen herzustellen, so ist anzunehmen, daß wohl alle Fialen ihre Gestalt aus dem gleichen Programm erhalten hätten. Das Langhaus gliedern horizontal ein umlaufendes Sockelgesims, ein Sohlbankgesims, das Kaffgesims und das Traufgesims mit seinem Akanthusblattfries. Darüber spannt sich von Fiale zu Fiale das gußeiserne Vierpaßgeländer. Die Achse eines Vierpasses liegt jeweils über einem Akanthusblatt.

Die Flächen zwischen den Strebepfeilern öffnen je ein sich über dem umlaufenden Fenstergesims erhebendes Maßwerkfenster von 11,48m Höhe und einer Breite von 4,10m (ohne Leibung).

Das Fenster gliedern nach dem Prinzip des Südfensters zwei große, von sechs Windeisen ausgesteifte, aus Halbrundpfostensteinen gemauerte Spitzbögen, die einen Kreis tragen. Der Kreis umrahmt einen Fünfpaß. Zwei schmale, kleinere, aus geraden Pfostensteinen gebildete Spitzbögen, einen Dreipaß aufnehmend, füllen die großen Spitzbögen. So endet das horizontal siebenteilige Stabwerk in vier Spitzbögen, und das Maßwerk in zwei Dreipässen und einem Fünfpaß. In der vierten östlichen Langhausachse befindet sich das Doppelportal, das als Eingang für die französische Gemeinde in ihren Kirchenteil dienen sollte. Diese Fassadenpartie ist etwas schmaler als die Eingangsfront der Südseite. Da Schinkel zur Gestaltung des Seitenportals das gleiche Formsteinprogramm des Hauptportals mit fünf Halbsäulen, einschließlich Basen und Kapitellen und der rechteckigen und der spitzbogigen Rahmung über den Türen, mit je einem Fünfpaß, als Oberlicht benutzte, mußte die Maßdifferenz in der Türbreite ausgeglichen werden. Dadurch sind die Spitzbögen über den Portalen gestreckter. Der die Fläche unter den Spitzbögen füllende Kreis mit eingelagertem Fünfpaß ist in seiner Rahmung beschnitten, so daß dieser leicht unter den Halbrundsteinen der großen Spitzbögen verschwindet. Da auch die Türflügel des Ostportals denen des Südportals entsprechen, rückt die jeweils

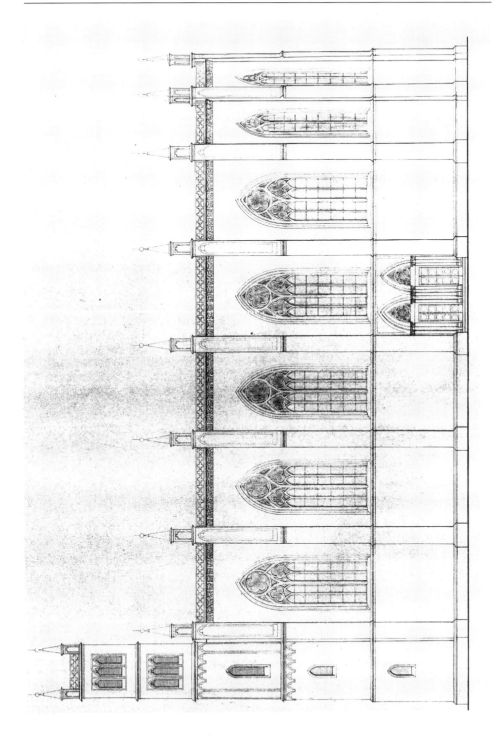

Abb. 35 Rekonstruktionszeichnung der Ostfassade, 1981, Zeichnung M. Abri

äußere Rahmung der Türen bis zu den Rosetten hinter die Leibung. Die Terrakottaplastiken, die dem zum Werderschen Markt hin liegenden Doppelportal eine Bedeutsamkeit verleihen, sind nicht wiederholt.

Die fünf Kompartimente des Chorpolygons fassen seitlich, nach dem Gliederungsprinzip des Langhauses, die von Fialen bekrönten Strebepfeiler. Die dazwischen liegenden Flächen sind schmaler und ebenso, im Verhältnis dazu, die Chorfenster. Die schmalen, spitzbogigen, von profilierten Leibungen gefaßten Fenster füllen zwei aus schmalen, geraden Steinen gemauerte Dreipaßbögen, die einen Kreis mit einem Dreipaß tragen. Das Stabwerk ist bei diesen fünf Fenstern um zwei Abschnitte höher gerückt, so daß acht Windeisen neun Abschnitte unterteilen. Die profilierten Leibungssteine entsprechen denen der übrigen Fenster.

4.3. Beschreibung des Innenraumes

Im Gegensatz zu der strengen Einhaltung der Materialsichtigkeit und der klaren Gliederung der Fassaden im Außenbau der Friedrich-Werderschen Kirche steht der Innenraum, der sich in einer inszenierten Illusionsarchitektur darstellt. Das bezieht sich sowohl auf die Gliederung des Innenraumes als auch auf das angewendete und dargestellte Material.

Der Innenraum, eine langgestreckte, fünfjochige, einschiffige Halle mit fünfeckigem Chorabschluß, erweckt durch die weit eingezogenen Strebepfeiler und die dazwischen gestellten umlaufenden hölzernen Emporen den Eindruck einer dreischiffigen Hallenkirche und ist als solche auch in der Literatur bezeichnet.

»....Das Innere besteht aus einem einzigen Hauptschiff und zwei ganz schmalen Nebenschiffen...«[115]

Die eingestellten Emporen verbinden Durchgänge, die ebenerdig und in Höhe des Emporenfußbodens durch die Strebepfeiler führen. Somit entsteht ein Nischensystem, das nach oben Spitztonnen, der Form der Fenster folgend, abschließen (Abb. 36).

Neben den gemauerten und in Putz gezogenen Profilierungen werden die Pfeiler und die Wände unter den Emporen zusätzlich durch ein gotisierendes Stabwerkdekor aus Stuck gegliedert. Reichere, teilweise figürliche Stuckreliefs betonen die Kapitel- und Kämpferzonen der Nischen (Abb. 37).

Das die Joche bildende Kreuzgewölbe wird durch Illusionsmalerei mit »sandsteinernen Rippen« und »ziegelsichtigen« Gewölbeflächen zu einem Sterngewölbe; in der Literatur wird es häufig so erwähnt[116] (Abb. 38).

Die gesamten Wände des Innenraums, auch das aus Formsteinen gefertigte Stab- und Maßwerk der Fenster, erhielten einen sandsteinimitierenden Quaderanstrich. Im Gegensatz

[115] H. Sebald, »Berlins Denkmäler der Bau- und Bildhauerkunst«, Berlin 1844, S. 29
[116] »Reclams Kunstführer«, Deutschland Band VII, Berlin, Stuttgart 1980, S. 100

Abb. 36 Querschnitt nach Süden, 1981,
Zeichnung M. Abri

dazu stehen die aus Eiche im Naturton belassenen, nur von einem farblosen Firnis überzogenen spitzbogigen Arkaden der Emporen. Zwischen den nach innen gezogenen Strebepfeilern des Langhauses spannen sich jeweils zwei Arkadenbögen der Empore, von einer profilierten Rahmung gefaßt und nach oben von einer Vierpaßbrüstung abgeschlossen (Abb. 39). Die zwischen Spitzbogen und Rahmung entstandenen Zwickelfelder füllt jeweils eine Holzmalerei mit Engelmotiv. Die schmalen Felder zwischen den Strebepfeilern des Chores gestaltet je ein Arkadenbogen mit einer dreiachsigen Vierpaßbrüstung über dem Gesims. Dabei waren nur die beiden Zwickel des ersten Chorfeldes an der West- und Ostseite mit Engeln gestaltet, denn die anderen verdeckte der Altar.

Die umlaufende Empore erschließen Sandsteintreppen in den Türmen im Süden und je eine hölzerne Treppe im östlichen und westlichen letzten Arkadenfeld des fünften Joches. Die eichene Treppe führt über drei Podeste auf die Empore. Die schmalen Geländerstäbe beziehen sich in ihrem Abstand auf die Tiefe der Treppenstufen, deren Seitenflächen je eine Kreuzblume schmückt, und reichen um die Höhe der Stufe nach unten, wo die zapfenartig endenden Stäbe ein Dreipaß verbindet (Abb. 40). Direkt unter dem Handlauf nehmen die Stäbe einen Vierpaß, von einem Kreis umgeben, zwischen sich. Das Motiv des Geländers wiederholt sich an der Treppe zur achteckigen, mit Schalldeckel bekrönten, hölzernen Kanzel, deren Seiten zwei Spitzbögen rahmen mit je zwei füllenden Dreipaßbögen, die einen Dreipaß tragen.

Bei der Charakteristik dieser bizarren Holzarchitektur fällt auf, daß diese dünnen stalaktitenartigen Stäbe dem Holztypus wenig entsprechen. Diese Formensprache steht für ein

Abb. 37 Siehe Farbtafel II am Schluß des Buches

anderes Material, das Gußeisen, das zwar geplant war, aber nicht in Anwendung kam. Schinkel hatte in seinem ersten gotischen Entwurf für die schmalen Emporen Gußeisen vorgesehen[117]. In dieser Zeit wäre die Ausführung in der noch nicht so weit entwickelten Technik doch sehr aufwendig und kostspielig geworden, so daß Schinkel unter dem Zwang stand, die entworfenen Formen der Emporen, Brüstungen und Treppen in Holz herzustellen. Die Verwirklichung dieser Formenwelt in Gußeisen wäre für die Innenraumgestaltung sehr reizvoll gewesen.

4.4. Folgen des Wegfalls der Trennwand

Die 1829 in der »Sammlung architectonischer Entwürfe« veröffentlichte Innenraumperspektive zeigt, wie Schinkel sich das Innere als einfache fünfjochige Halle mit zwei Kanzeln am Ende des Langhauses und einem um sechs Stufen erhöhten Chor vorstellte (Abb. 28).

Erst mit dem Wegfall der geplanten Trennwand, die die Kirche für die französische und deutsche Gemeinde teilen sollte, setzte Schinkel seine Raumkonzeption durch. Es wurde der

[117] P.O. Rave, 1941, S. 269

Abb. 38 Blick in die Gewölbeausmalung, Foto 1986

Abb. 39 Ansicht und Schnitt der Emporen, KOBD, Tusche, Bleistift, rosa-braun laviert

Abb. 40 Ansicht der Emporentreppe, KOBD, Tusche, rosa-braun laviert, trägt Schinkels Vermerk: »einverstanden, Schinkel 31/3/30.«

Chor in der gesamten Breite um fünf Stufen erhöht und nur eine Kanzel am nördlichen Strebepfeiler des vierten Joches der Westseite angebracht. Später (1914) wurde diese um eine Achse nach Süden versetzt. Die Gewölbe erhielten eine neue Farbkonzeption und die Strukturen in den Fensternischen eine Gliederung von Dreipaßbögen und Bändern mit Arabesken, vegetabilen Ornamenten und Figuren, die der perspektivischen Darstellung von 1829 entsprach.

Schinkel plante, wie der Entwurf der Trennwand zeigt, die Gewölbe mit goldenen Sternen auf blauem Grund zu füllen (Abb. 27). An die Stelle dieser Idee trat nun ein gemaltes Sterngewölbe mit geputzten Kreuzrippen und sandsteinernem Schlußstein. Die geputzten und aufgemalten Rippen des Sterngewölbes erhielten eine sandsteinimitierende Bemalung, während die Gewölbekappen eine Ziegelsteinbemalung und die Gurtbögen ein begleitendes Lilienband in Terrakottaimitation schmückten.

Abb. 41 Ansicht der ursprünglich geplanten Orgelempore (Ausschnitt), KOBD, Tusche über Bleistift

Der Fußboden im Chorbereich bekam einen Plattenbelag aus diagonal verlegten großen und kleinen, unterschiedlich roten Terrakottafliesen. Mittelgang und Eingangsbereich wurden mit 40x40cm großen, roten und grünen, im Wechsel angeordneten Marmorplatten ausgelegt. Der Fußboden unter dem Kirchengestühl und auf den Emporen bestand aus einer Dielung. Durch den Wegfall der Trennwand ergab sich eine sehr wesentliche Konsequenz für die Altargestalt. Schinkel sah in seiner Perspektive eine um mehrere Stufen erhöhte einfache Mensa, deren Mitte ein Kreuz zierte, vor. Diese Gestaltung ließ die umlaufende Empore voll zur Geltung kommen und die farbige Verglasung der Chorfenster in ihrer ganzen Wirkung den Chor überstrahlen. Die bereits fertiggestellten Bilder der Trennwand mußten aber in dem Kircheninnenraum untergebracht werden. Schinkel gestaltete mit den Gemälden der unteren zwei Drittel der ursprünglichen Trennwand die Altarrückseite. Dadurch verdeckte die hohe Altarwand drei mittlere Choremporen und den unteren Teil der reich gestalteten Chorfenster. Der angestrebte Raumeindruck wurde somit in seiner Wirkung stark beeinträchtigt.

Auch die Ausführung des Entwurfes für die Orgelempore veränderte sich grundsätzlich. Das große, sich über die gesamte Stützbreite der Gewölbe erstreckende Gemälde von Wach »Glaube, Liebe, Hoffnung« sollte an der Orgelempore seinen Platz finden. Das war bei den geplanten, dreiachsigen Arkadenbögen mit der über einem kräftigen Gesims abschließenden Vierpaßbrüstung unmöglich. So gab Schinkel die Idee der umlaufenden, von spitzbogigen Arkaden gebildeten Emporen auf (Abb. 41).

Eine Zeichnung, die Schinkels Vermerk trägt, belegt die ausgeführte Orgelempore[118] (Abb. 42). Die durch einen Mittelpfosten getrennten, symmetrisch angelegten, rechteckigen Durchgänge der Emporenwand rahmt auf jeder Seite je ein von drei Dreipaßbögen geschmücktes Rechteck. Darüber erhebt sich in der gesamten Breite der Durchgänge ein überhöhtes Brüstungsfeld zur Aufnahme des Gemäldes. Dieses begrenzt seitlich ein von Spitzbogen, Dreipaßbogen und Fünfpaß geziertes Feld. Die Gliederung der Emporenwand bezieht sich nur in der Gesamthöhe auf die übrigen Emporen und ist sonst ein absolutes Sonderelement. Auf der Eingangsseite rückt das Gurtgesims mit dem darüber befindlichen Fußboden und den um jedes Portal angeordneten Blendbogen auf das Niveau der übrigen Emporenböden.

Auf dem hier angegebenen Blatt ist der Blick des Besuchers vom Langhaus und vom Eingang auf die Emporenwand sowie der Anschluß der Emporendecke im Schnitt dargestellt.

4.5. Die Stimmung des Innenraumes

Ein weiteres für das Interieur wichtiges Gestaltungselement ist die Fensterverglasung. Schon in der Gotik bildet die Lichtführung einen wesentlichen Faktor für den mystischen Charakter der kirchlichen Innenräume. Die gotische Wand scheint durchlässig zu sein, »...Licht sickert ein, durchdringt sie, vereinigt sich mit ihr und verklärt sie...«[119] Die Wände sind durch die großen, durchgehend farbig verglasten Maßwerkfenster nicht geöffnete Wandflächen zum Einlaß des Lichtes, sondern durchleuchtete Wände.

Schinkel verfolgte in der Friedrich-Werderschen Kirche eine andere Konzeption. Er holte das Tageslicht durch die farblosen, rautenförmig verglasten, nur von einem farbigen Randstreifen gefaßten Stabwerke der Langhausfenster in die Kirche, während die farbig ornamentale Maßwerkverglasung das »Überirdische Licht« in die Gewölbezone wirft (Abb. 43). Die fünf Chorfenster erhielten eine durchgehende farbige Verglasung in einem kräftigen Blau, die den Chor in einem besonders diffusen Licht erscheinen läßt, das im völligen Widerspruch zu dem lichtdurchfluteten Langhaus steht (Abb. 44). Die drei in der Achse des Langhauses liegenden,

---

[118] Da sich bei der Restaurierung der Kirche im Boden diese Fundamente fanden, bestätigte sich die Vermutung, daß diese Zeichnung realisiert wurde. Auch zeigte ein altes Foto der Orgel mit oberem Emporenabschluß, im Pfarramt verwahrt, diesen Entwurf ausgeführt.

[119] Otto v. Simson, »Die gotische Kathedrale«, Darmstadt 1968, S. 14

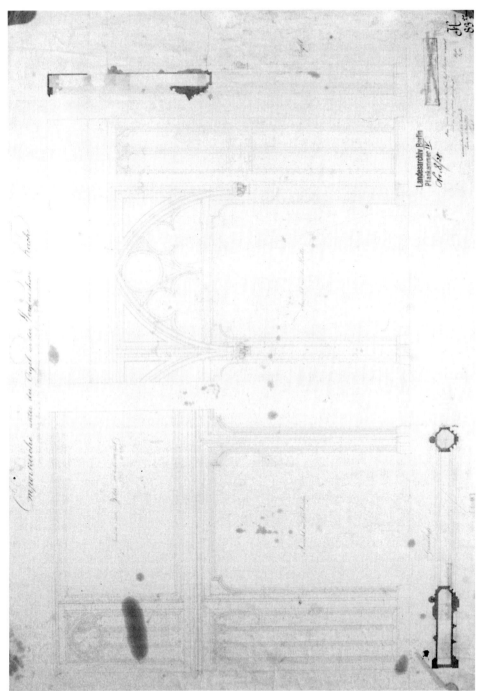

Abb. 42 Vorder-, Rückansicht und Schnitt der veränderten Orgelempore, KOBD, Tusche, braun laviert, trägt Schinkels Vermerk:

Abb. 43 Ansicht des 3. Langhausfensters,
Foto 1987

von einem Mittelpfosten geteilten Chorfenster ziert auf jedem Fensterflügel eine musizierende oder buchlesende, weibliche, reich gewandete Engelgestalt auf blauem Grund mit gelben Sternen, oben und unten von Arabesken, die sich aus dem Randstreifen entwickeln, gerahmt. Die unteren Drittel der Fenster füllt je eine gemalte, reich gezierte Draperie mit kräftigen Quasten am unteren Ende. Das östliche und das westliche Chorfenster der ersten Achse erhielten die gleiche Verglasung, nur statt der schwebenden Engel zusätzliche, zierende Arabesken[120]. Die Maßwerke sind stark farbig verglast. Das Stabwerk des Südfensters, ursprünglich von der Orgel größtenteils verdeckt, füllt ein stark farbiges, stilisiertes Flechtbandmotiv, während das Maßwerk nach dem Prinzip der übrigen Langhausfenster gestaltet ist.

Das Aquarell von Friedrich Wilhelm Klose (1832) stellt das Interieur des Innenraumes in seiner Stimmung dar (Abb. 45). Die Vedute gibt in der charakteristischen Manier dieser Zeit eine genaue Darstellung des Innenraumes, bis hin zu den durch die Fensterverglasungen ausgelösten Farbreflexen, wieder. Jedoch nimmt Klose sich – wohl aus Kompositionsgründen – die künstlerische Freiheit, die Emporen im ersten Joch stumpf beginnen zu lassen.[121]

Der Innenraum der Friedrich-Werderschen Kirche steht im völligen Widerspruch zu der

---

[120] Die Chorfenster wurden von dem Berliner Glasmaler Heinrich Müller nach Schinkels Entwurf ausgeführt.

[121] Mit ihren hellen, lichten Farben der Sandsteinimitation, der naturfarbenen Eiche der Emporen und dem mystisch diffusen Charakter des Lichtes im Chor soll das Innere an die Schloßkirche der Marienburg, für die Schinkel 1819 nach einer Dienstreise Restaurierungspläne entwickelte, erinnern.
Szcesny Skibinski, »Die Staatsideologie der Marienburger Schloßkapelle«, in Wissenschaftliche Zeitschrift der Ernst-Moritz-Arndt-Universität Greifswald, Gesellschafts- und Sprachwissenschaftliche Reihe, Jahrg. XXIX, 1980, Heft 2/3, S. 57–61

Abb. 44 Siehe Farbtafel III am Schluß des Buches

Klarheit des backsteinsichtigen Außenbaues. Die Raumstruktur ist in ihrer Anordnung nicht eindeutig ablesbar. Die horizontalen und vertikalen Tendenzen, wie Strebpfeiler und Emporen, sind gleichwertig nebeneinandergestellt. Der Besucher wird von Joch zu Joch durch die Lichtführung, den erhobenen Altar und den akzentuierten Chor angezogen, gleich einer Inszenierung eines besonderen Erlebnisses, das sich hier in der Architektur widerspiegelt. Wie auf einer Bühne läßt Schinkel das religiöse Geschehen zu einem unauslöschlichen Erlebnis werden[122]. Der Chor wird hier mit seinen blau gefärbten Fenstern zum Gleichnis des Abends, während die vom Tageslicht durchfluteten Fenster der ersten Joche den Morgen symbolisieren. »...Wie beim Sternensaal der Königin der Nacht in der Zauberflöte, bei dem violette Wolken das letzte Abendlicht sammeln, wie im ersten Entwurf zum Schlafzimmer der Königin Luise (1810) mit den holzfarbenen Wänden, weißen Stoffdraperien und der in der Mitte dunkelblauen, zu den Seiten hin ins Violette übergehenden Decke ist also der Himmel als Nachthimmel charakterisiert, und die sozusagen landschaftliche Farbigkeit kontrastiert mit der rein architektonischen Form...«[123] Der von eichenen Emporen gefaßte Innenraum der Werderkir-

---

[122] Seine Auffassungen zur Religion stellen sich im Entwurf eines Lutherdenkmales für Eisleben und in der dazu erarbeiteten philosophischen Schrift genau dar; in
Junecke/Abri, Schinkel-Lebenswerk, »Provinz Sachsen«, Veröffentlichung 1992 geplant
[123] Eva Börsch-Supan, »Zur stilistischen Entwicklung in Schinkels Kirchenbau«, Zeitschrift des Deutschen Vereins für Kunstwissenschaft, Band XXXV, Heft 1/4, Berlin 1981, S. 6

Abb. 45 Siehe Farbtafel IV am Schluß des Buches

che mit seinen zum Chor hin immer dunkler werdenden Fensterverglasungen und dem Altar, umringt von schwebenden Engeln auf blauem, von goldenen Sternen geziertem Grund, besitzt kosmische Symbolik.

Durch die schlechte wirtschaftliche Situation griff Schinkel bei der Veredlung des Innenraumes zur Imitation. Er ließ die Wände in schönstem Sandstein, die Gewölbe als Sterngewölbe mit gemauerten Kappen durch Putz, Pinsel und Farbe entstehen, und mit etwas Phantasie werden die hölzernen Emporen mit ihren bizarren Formen zu Eisen. Johannes Krätschell entschuldigte 1888 Schinkels Haltung mit den für eine Backsteinausführung im Innern ungünstigen Gegebenheiten und schrieb dazu:

»...Sollte aber mit Backstein im Innern irgend welche Wirkung erzielt werden, so waren weite lichte Räumlichkeiten, ein Blick in wirkliche Nebenschiffe und in einen Chorumgang etwa, unentbehrlich, da der Eindruck sonst ein düsterer unerfreulicher, in jedem Falle ein beengender blieb. Dergleichen Raumordnungen waren hier nicht möglich, und so sind durch Bewurf und sehr geschickte Übermalung und Schattierung der einzelnen Steine Hausteinwände entstanden, wie sie nur irgend einer der schönsten süddeutschen Dome aufweisen mag...«[124] (Abb. 46)

[124] J. Krätschell, »Schinkels gotisches Schmerzenskind, die Werdersche Kirche in Berlin«, aus Blätter für Architektur und Kunsthandwerk 1888, No. 12, S. 116

Abb. 46 Blick auf die fertiggestellte Gewölbeausmalung mit angeschnittenen Fensternischen, Foto 1987

5. Kapitel:
DIE FRIEDRICH-WERDERSCHE KIRCHE
IM WANDEL DER ZEITEN

5.1. Veränderung der äusseren Gestalt um 1845

Mit der Friedrich-Werderschen Kirche war die erste Backsteinkirche seit dem Mittelalter in Berlin entstanden. Die romantischen Strömungen in der Malerei und der Kunst mit ihrer Rückbesinnung auf das Mittelalter begünstigten die Renaissance des Backsteinmaterials. Aber Schinkels Gotik der Werderkirche, die er auch aus der Formenwelt Englands und antiker Vorbilder schöpfte, wurde nicht verstanden. Eine gotische Kirche ohne das weithin sichtbare Satteldach, das sich abgewalmt über das Chorpolygon erstreckte, und ohne spitze Helme, konnte als »Gotische Kirche« nicht anerkannt werden und war nicht faßbar. Obwohl Ludwig Ferdinand Hesse, dem bauleitenden Architekten der Friedrich-Werderschen Kirche, die Begründung Schinkels für die stumpf endenden Türme bekannt war – »...*Bei der sehr geringen Grundfläche jedes dieser Türmchen würde die Aufführung einer verhältnismäßigen Spitze kleinlich ausgefallen sein...*[125]« – entwarf er 1830 in einer perspektivischen Darstellung die Kirchtürme mit spitzen Helmen[126].

Kurz vor der Fertigstellung der Kirche (1829) besuchte Heinrich Heine Berlin, eine Stadt, die für ihn nichts Städtisches hatte. »...es sind wahrscheinlich mehrere Flaschen Poesie dazu nöthig, wenn man in Berlin etwas anderes sehen will, als todte Häuser und Berliner...«[127]

Über die Friedrich-Werdersche Kirche mokierte er sich und schrieb: »...Ich will nicht mißverstanden sein und bemerke ausdrücklich, ich stichle hier keineswegs auf die neue Werdersche Kirche, jenen gothischen Dom im verjüngtem Maßstabe, der uns aus Ironie zwischen die modernen Gebäude hingestellt ist, um allegorisch zu zeigen, wie läppisch und albern es erscheinen würde, wenn man alte, längst untergegangene Institutionen des Mittelalters wieder neu aufrichten wollte unter den neuen Bildungen einer neuen Zeit...«[128]

Heine erkannte die Architektur der Friedrich-Werderschen Kirche an und würdigte sie auf seine Art. Die Kirche stellt kein plumpes Imitat oder die Nachahmung eines mittelalterlichen Domes dar, sondern eines Domes in »verjüngtem Maßstab«.

Er verwendet das Wort »verjüngt« im Sinne von anders oder neu, denn die bloße Kopie eines mittelalterlichen Domes wäre zwischen den modernen Gebäuden wie z.B. der Münze von Gentz, des unweit entfernten Schauspielhauses, des begonnenen Museumsbaues und der neuen

---

[125] K.F. Schinkel, »Sammlung architectonischer Entwürfe von Schinkel« Heft 13, Berlin 1829

[126] Robert Graefrath, »Zur Baugeschichte der Friedrich-Werderschen Kirche in Berlin«, in »Denkmale in Berlin und in der Mark Brandenburg«, Weimar 1987, S. 111, Abb. 64

[127] Heinrich Heine, »Reisebilder II«, sämtliche Werke, II. Band, Hamburg 1876, S. 5

[128] Heinrich Heine, »Reisebilder II«, sämtliche Werke, II. Band, Hamburg 1876, S. 6

Wache »läppisch und albern« erschienen. Er versteht den Entwurf als programmatisch, als Kompromiß.

Solange Schinkel lebte, scheute man davor zurück, den Bau zu »gotisieren« und akzeptierte die Formenwelt der Friedrich-Werderschen Kirche. Erst nach seinem Tode wurden umfangreiche Veränderungen an dem äußeren Erscheinungsbild der Kirche geplant. Die ersten Reparaturen an den aus zugeschlagenen Steinen hergestellten Fialen in Zement erfolgten bereits 1832. Diese Ausbesserungen waren nicht von Dauer, und schon 1835 fanden weitere Erhaltungsmaßnahmen nach Schinkels Vorschlag statt. Die schadhaften Stellen der Fialtürmchen wurden durch neue Steine ersetzt, und die Spitzen erhielten Ausbesserungen in Ölkitt, mit aufgemalten Fugen. Im Jahre 1841 drohte bei einigen Pyramidenspitzen Absturzgefahr; daraufhin ließ der Kirchenvorstand sie unverzüglich abtragen. Für die Rekonstruktion der Spitzen kam er finanziell nicht auf. Nach der Erwägung, die ursprüngliche Spitzenform in Zinkguß oder Sandstein zu wiederholen, fiel die Entscheidung zugunsten von Ziegelmaterial. Die Königliche Oberbaudeputation übernahm die Revision des Erneuerungsentwurfes und das Finanzministerium die Kosten. Die Formsteine zur Neuaufmauerung der Spitzen stellte die Joachimstaler Ziegelei her. Parallel dazu ließ der König, Friedrich Wilhelm IV., durch Stüler beantragen, einige Fialen bis auf das Gesims der Strebepfeiler abzutragen[129]. Stüler gab den Befehl mit dem Hinweis weiter: »...Indem S. Majestät vom schlechten Effekt, den diese Nacktheit hervorbringt sich selbst Anschauung verschaffen will...«[130]. Damit wurden die bestellten Steine zur Aufmauerung der Spitzen überflüssig.

Der König vereitelte vorerst die Möglichkeit der Rekonstruktion der Schinkelschen Fialen, wohl mit dem Ziel, seine Vorstellungen zu verwirklichen. Schon in der Entwurfsphase der Kirche hatte er mit dem Gedanken gespielt, die Türme mit gotischen Helmen zu versehen, wie eine Skizze um 1823/24 zeigt (Abb. 47). In diesem Sinne sah er nun die Zeit gekommen, seinen früheren Entwurf zu verwirklichen. Friedrich August Stüler, ein Schüler Schinkels, bekam vom König den Auftrag, für das Schiff neue Fialtürmchen und für die Türme spitze Helme zu entwerfen. Die Fialen der Türme wurden bis zur Höhe des Geländers abgetragen und mit Zinkblech flach abgedeckt. Am 23. August 1844 legte Stüler drei Varianten von Schiffialen, mit A, B und C gekennzeichnet in einem Formenreichtum vor, der offensichtlich eine Abkehr von der Schinkelschen Idee bedeutete (Abb. 48). Diese Entwürfe reichten von einem vierseitig giebelbekrönten Fialkörper mit aufgesetzter Fialspitze, nach Schinkels Vorbild (B), bis zu einer Zinkgußhaube, mit Krabben und Kreuzblume geschmückt, über einen von Dreipaßbögen gezierten Rumpf (C). Die Vorzugsvariante Stülers (A), die im Entwurfsblatt einen zeichnerisch vollendeten Fassadenabschnitt begrenzt, stellt eine Fiale als Baldachinarchitektur mit eingestellter Statue und bekrönender Zinkgußhaube dar.

Diese reiche Formensprache der Fialen entstand in Korrespondenz mit den zwei Varianten der Turmhelme.

Die erste kompliziertere Variante der Helme, eine Eisenkonstruktion, plant, die Türme um ein weiteres, gestrecktes, achteckiges Geschoß zu erhöhen (Abb. 49). An vier Seiten öffnet das

---

[129] Schreiben Friedrich Wilhelms IV. an den Finanzminister vom 30. 12. 1843, Zentrales Staatsarchiv Merseburg, Rep. 76 IX Sekt 14, Nr. 15, Bd. 2, Bl. 221

[130] Leopold Giese, »Die Friedrichs-Werdersche Kirche«, Berlin 1921, S. 153

Abb. 47 Die Friedrich-Werdersche Kirche, Entwurf mit spitzen Helmen, Zeichnung um 1823, Kronprinz – späterer König Friedrich Wilhelm IV., Bleistift

Geschoß ein spitzbogiges Maßwerkfenster, während die über dem Turmquadrat abgeschrägten Flächen fialgeschmückte Strebepfeiler zieren. Darüber schließen sich die von Schmuckwerk reich gegliederten, achteckigen, von je einer Kugel bekrönten Spitzhelme an. Auf demselben Blatt ist durch eine Klappe eine zweite einfachere Variante angegeben. Sie zeigt je einen sich direkt über den Türmen erhebenden, achteckigen, reich gegliederten, von einer Kreuzblume abgeschlossenen Helm, gerahmt von vier Eckfialen, in der Form der Schiffialen (Abb. 50). Diese Entwürfe lagen im Sommer 1944 dem König vor.

Bei den Fialen des Kirchenschiffes entschied der König die einfachste Variante C zur Ausführung. Der Aufbau des nach drei Seiten von einem Dreipaßbogen geschmückten Fialkörpers, bekrönt von einer Zinkgußhaube mit Krabben und einer Kreuzblume, war im Sommer 1845 beendet. Die Herstellung dieser Fialen auf den Türmen verhinderte Friedrich Wilhelm IV. unter dem Vorwand des Geldmangels, denn er plante ja, seine ersehnten spitzen Helme endlich auszuführen.

Die einfachere Variante der Turmhelme, in hölzerner Konstruktion, bestimmte der König

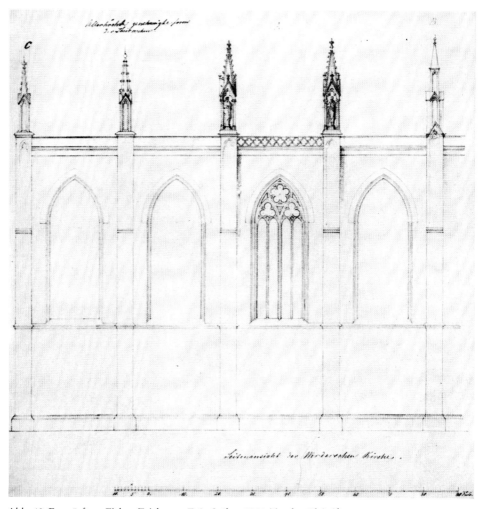

Abb. 48 Entwürfe zu Fialen, Zeichnung F.A. Stüler, 1844, Tusche, Bleistift

zur Realisierung. Sie blieb, diesmal wohl aufgrund wirklicher finanzieller Schwierigkeiten, nur auf dem Papier (Abb. 51). Es gab vielfache Bestrebungen, den »fremden« Charakter der Kirche dem der deutschen Gotik anzupassen, weil man Schinkels »Gotisches Schmerzenskind«[131] einfach nicht verstand, wie auch die schon erwähnte perspektivische Darstellung der Kirche mit spitzen Helmen von dem Baukondukteur Ludwig Ferdinand Hesse kurz nach der Fertigstellung belegt[132].

---

[131] Titel der Veröffentlichung von Johannes Krätschell »Schinkels gotisches Schmerzenskind, die Wdersche Kirche in Berlin«, aus Blätter für Architektur und Kunsthandwerk 1888, No. 12, S. 116
[132] R. Graefrath, 1987, S. 111, Abb. 64

Abb. 49 Entwurf zu den spitzen Turmhelmen,
Variante 1, Zeichnung F. A. Stüler, 1844, Bleistift

Trotz der großen Bemühungen seitens des Königs blieben die Türme Fragmente. Zu Beginn der fünfziger Jahre des 19. Jahrhunderts gab es Pläne, auch die Turmfialen nach dem Vorbild der Fialen auf dem Schiff zu ergänzen.

5.2. Rekonstruktionspläne der Turmfialen um 1870

Im Jahre 1868 malte Eduard Gaertner die Bauakademie mit der Friedrich-Werderschen Kirche im Hintergrund. Das Gemälde ist eindeutig »1868« datiert. Somit läßt Gaertner die Fialtürmchen nach Schinkels Vorbild wiedererstehen, obwohl bis zur Realisierung dieses Gedankens noch fast 120 Jahre vergehen mußten (Abb. 52).

Abb. 50 Entwurf zu den spitzen Turmhelmen,
Variante 2, Zeichnung F. A. Stüler, 1844, Bleistift

Die Befürwortung der Rekonstruktion nach Schinkels Planung spiegelt die allgemeine gesell-
schaftliche Stellung zur Bedeutung und Wertschätzung dieser Architektur wider. In einem
Gutachten von 1874, das aufgrund der Fragestellung Ferdinand von Quasts zu der Rekonstruktion der Fialen entstand, bezieht Blankenstein wie folgt Stellung:
»...Es wäre nicht nur eine Verletzung der Pietät, sondern nach der Gestaltung, die Schinkel
dem oberen Teil der Türme einmal gegeben hat, geradezu eine Verunstaltung derselben, wenn
man sie mit hohen gotischen Spitzen versehen wollte, und ich bin nicht wenig erstaunt, daß
jemand diese Idee im Ernst hegen konnte...«[133]
    Das durch Blankensteins Haltung beeinflußte Gutachten, erarbeitet durch die technische
Baudeputation für das Ministerium, spricht sich gegen eine Helmbekrönung aus und tritt für
die Wiederherstellung der Schinkelschen Fialen ein. Dabei beruft sich die Behörde auf Schinkel
selbst, der in seinem Vorwort zu der »Sammlung architectonischer Entwürfe« schrieb:

[133] L. Giese, 1921, S. 155

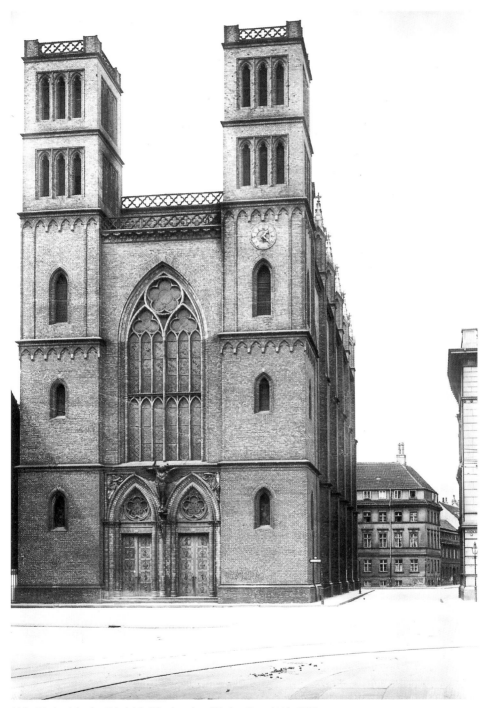

Abb. 51 Ansicht der Friedrich-Werderschen Kirche, Foto 1921–1923

Abb. 52 Die Bauakademie von K. F. Schinkel in Berlin, Eduard Gaertner, 1868, Öl auf Leinwand

»...bei der sehr geringen Grundfläche jedes dieser Thürmchen würde die Aufführung einer verhältnismäßigen Spitze kleinlich ausgefallen sein: ich zog es deshalb vor, diese Thürmchen oben in ihrer vollen Breite gegen die Luft endigen zu lassen...«[134]

Weiter wurde in dem Schreiben für den Abriß der Stülerschen Filalen plädiert und die völlige Komplettierung nach Schinkels Entwurf empfohlen. Das Ministerium beschloß, mit der Maßnahme bis zur Verwitterung der Stülerschen Filalen zu warten, die bis 1980 dauern sollte (Abb. 53). Ein weiterer Vorschlag, die Türme mit Stülers Fialen zu komplettieren, wurde abgelehnt.

5.3. Umgestaltung des Innenraumes um 1914

Im Jahre 1914 erfolgten einige Veränderungen im Innenraum. Durch eine umfangreiche Spende ließ die Gemeinde die Langhausfenster vollständig in stark farbiger, figürlicher Verglasung

---

[134] K. F. Schinkel, Heft 13, 1829

Abb. 53 Die Stülersche Fiale auf dem Dach, Foto 1980

erneuern. Als Thema diente die Geschichte des Heilands als Lehrer, Seelsorger und Wundertäter.[135] Zu weiteren Maßnahmen gehörten die Neuverglasung des Maßwerks vom Südfenster und die Restaurierung der Chorfenster. Dabei erhielten zwei Engel einen fremden, sinnlichen, vom Jugendstil beeinflußten Gesichtsausdruck und unterscheiden sich damit deutlich von den anderen. Mit den voll farbig verglasten Langhausfenstern veränderte sich der Charakter des Innenraumes, zusätzlich noch dadurch verstärkt, daß die hellen, eichenen Emporen mit einer Mahagonielasur überzogen wurden. Die Wände unter und hinter den Emporen bekamen einen Sandsteinimitations-Anstrich nach altem Vorbild in dunkleren Tönen, und die Rückseite der Emporenbrüstung erhielt teilweise eine rote Samtbespannung. Der ganze Innenraum hatte mit diesen Veränderungen wesentlich an Helligkeit verloren und vermittelte nun einen ganz anderen als den von Schinkel konzipierten Raumeindruck. Die Steigerung des Chores durch Lichtkontraste ging verloren.

5.4. Restaurierungspläne nach den Schäden des Zweiten Weltkrieges

Die Kirche erlitt durch die letzten Bombenangriffe einige größere Schäden (Abb. 54). Das große Südfenster mit der darunter befindlichen Orgelempore und das erste westliche Langhausfenster wurden fast völlig zerstört. Der westliche Turm trug einen größeren Schaden im zweiten und dritten Turmgeschoß, im Bereich des Südfensters, davon. Dabei wurde die Sandsteintreppe zur Erschließung der Empore zerstört, und die Holztreppe brannte bis zum Glockengeschoß in einigen Teilen ab. Die Fassaden mit ihren Mauerwerkflächen, Gesimsen, Strebepfeilern wurden durch Einschüsse und herabfallende Teile beschädigt. Das zerrostete, gußeiserne Vierpaßgeländer erlitt größere Schäden, so daß Teile herabstürzten. Sämtliche Fensterverglasungen fielen den Bombenangriffen zum Opfer[136].

Diverse kleinere Schäden zeigten sich an den Fensterleibungen und den Portalumrahmungen. Die Sakristei war stark zerstört und mußte abgetragen werden.

Erste Sicherungsmaßnahmen erfolgten in den fünfziger Jahren. Dabei wurden das große Südfenster und das Westfenster vermauert und die Löcher der Turmfassade durch Mauerwerk geschlossen. Größere Schadstellen an den Fassaden sowie Gesimsen und Strebepfeilern erhielten Zementausbesserungen, rötlich eingefärbt. Formsteine kamen bei diesen Sicherungsmaßnahmen nicht zum Einsatz.

In den sechziger Jahren plante die sehr klein gewordene Gemeinde, die Kirche zu restaurieren. Zur Ausbesserung der Chorfenster, zur Aufmauerung des Maßwerks des zerstörten Langhausfensters (nur für die Dreipässe und den Fünfpaß) und für das Traufgesims wurden in der Firma der Keramikerin Hedwig Bollghagen[137], damals Keramikwerkstatt des Staatlichen

---

[135] Bruno Violet, »Die Friedrichs-Werdersche Kirche C. F. Schinkels einst und jetzt«, Berlin 1931, S. 9

[136] Von den Chorfenstern der Schinkelzeit lagerte man in den letzten Kriegstagen alle Engelgestalten und je eine Musterscheibe der ornamentalen Verzierungen und Draperien aus. Das Gerücht, daß auch das große Südfenster in Sicherheit gebracht wurde, konnte bisher keine Bestätigung finden.

[137] Einiges aus ihrer Werkstatt aus den 30er Jahren befindet sich im Bröhan-Museum, Berlin.

Abb. 54 Ansicht der Kirche mit Kriegsschäden, Foto 1948

Kunsthandels der DDR, Formsteine gefertigt, und mit der Restaurierung der Chorfenster und einer Langhausfensternische im Innern begonnen. Das stark zerstörte, gußeiserne Vierpaßgeländer wurde durch eine geschweißte Stahlkonstruktion nach altem Vorbild mit zusätzlich angefügter, schräger Abstützung ersetzt. Nur das Geländerstück über der Attika zwischen den Türmen blieb in Gußeisen erhalten. Aus Kostengründen kam das Vorhaben nach kurzer Zeit zum Erliegen.

6. Kapitel:
REKONSTRUKTION DER FRIEDRICH-WERDERSCHEN KIRCHE (1979–1987)

6.1. RESTAURIERUNGSKONZEPTION FÜR AUSSEN

Im Herbst 1979 stand der Beschluß zur Restaurierung der Friedrich-Werderschen Kirche in Hinblick auf Schinkels 200. Geburtstag im Jahre 1981 fest. Die Nutzung war in dieser Zeit noch unklar. Der Staat, der die Kirche auf 99 Jahre gepachtet hatte, übernahm die Restaurierungskosten.

Abb. 55 Ansicht der Kirche, Foto 1980

Die Ausgangsposition für die Restaurierungskonzeption, die im Sinne Schinkels erfolgen sollte, war von der Sachlage her äußerst günstig. Zum Außenraum existieren umfangreiche Pläne. Die Zeichnungen und Skizzen aus der Entwurfs- und Planungsphase befinden sich in der Schinkelsammlung, Sammlung der Zeichnungen der Nationalgalerie, Staatliche Museen Berlin, die Bauakten im Staatsarchiv Merseburg und die bisher nicht veröffentlichten, im wesentlichen während der Bauphase entstandenen und von Schinkel redigierten Entwürfe und Pläne im Landesarchiv Berlin (West)[138]. Der Innenraum, der aufgrund der unverglasten Fenster durch lange Witterungseinflüsse stark beschädigt war und durch Plünderungen vieles verloren hatte, konnte anhand von noch vorhandenen Details orginalgetreu wiedererstehen. Zunächst wurde jedoch nur die äußere Wiederherstellung, und das möglichst schon mit einem sichtbaren Ergebnis zu dem Jubiläum, gewünscht. Es sollte mit der Rekonstruktion vorrangig das städtebauliche Ensemble komplettiert werden.

Nachdem sich der riesige Umfang dieser Arbeit genauer darstellte, wurde die 750-Jahr-Feier Berlins zum magischen Datum (Abb. 55). Und das bedeutete Zeit für Recherchen und Archivarbeit und zunächst Zeit für eine gründliche Vorbereitung. Das Schlüsselproblem bei der Erarbeitung der Restaurierungskonzeption bestand im Umgang mit den Stülerschen Fialen. Diese Fialen prägten das Stadtbild über ein Jahrhundert und spiegelten den Konflikt zwischen Bauherrn und Architekten wider, der hier in der Form der Fialen auf den Punkt gebracht ist.

Sollten wir uns dieser historisch gewachsenen Situation verschließen? Und wie sollte die Antwort auf die provokant dastehenden nackten Türme lauten? Ein wesentliches Argument für die Abnahme der Stülerschen Fialen war ihr sehr desolater Zustand, der nicht mehr restaurierbar war. Nun erhob sich die Frage, die Stülerschen Fialen als Kopie zu ersetzen und die Türme als »Torso« zu belassen (der Aufbau der spitzen Turmhelme im Sinne Friedrich Wilhelms IV. wurde nicht in Erwägung gezogen) oder die Schinkelsche Fassung komplett auf Schiff und Türmen zu kopieren. Nach Abwägung aller Positionen fiel mit Fürsprache des Generalkonservators die Entscheidung zugunsten der Schinkelschen Fassung. Nach »Absegnung« dieser Konzeption durch den Generaldirektor der Baudirektion der Hauptstadt Berlin, des Ministeriums für Bauwesen als Investitionsauftraggeber und Generalauftragnehmer erhielten wir den Auftrag zur Erarbeitung der »Aufgabenstellung«, »Grundsatzentscheidung« und des »Projektes« sowie Baubetreuung und Bauleitung[139].

Mit dem Entschluß dieser Restaurierungskonzeption tat sich das gleiche Problem wie zu Schinkels Zeiten auf. Die Schadensanalyse aller Fassaden (Westseite, Ostseite, Südseite und Chorpolygon) ergab, daß etwa 250 verschiedene Formsteine zur Rekonstruktion der Kirche erforderlich wurden, zuzüglich etwa 60 000 Steine im Reichsformat (Abb. 56, 57, 58, 59, 60, 61, 62, 63).

Die Herstellung von Formsteinen mit großer Präzision und hoher Qualität war bisher in kleineren Mengen zur Restaurierung von mittelalterlichen Kirchen, wie dem Kloster Chorin, der Marienkirche in Prenzlau und der Katharinenkirche in Brandenburg, vorgekommen. Die Technik der Herstellung von großformatigeren Steinen, besonders für die Fenstersteine, die frei gezogen werden mußten, war in den letzten Jahrzehnten fast verlorengegangen. Auch für

---

[138] Diese waren damals für uns nicht zugänglich. Ein West-Berliner Kollege besorgte mir freundlicherweise die Kopien dieser wichtigen Unterlagen »unter der Hand«.

[139] Das entspricht der HOAI § 15 Leistungsphasen 1 bis 9

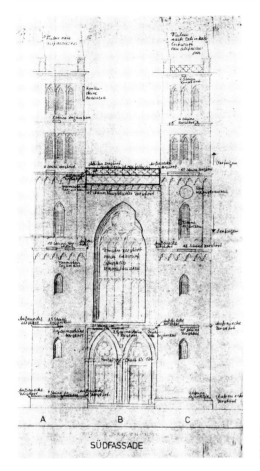

Abb. 56 Schadensanalyse der Südfassade der
Friedrich-Werderschen Kirche,
Zeichnung M. Abri, 1981

die Maurer, die es nicht gewohnt waren, Sichtmauerwerk herzustellen und große Maßwerkfenster mit Bewehrung aufzumauern, setzte ein Lernprozeß ein. Nachdem der Umfang des Steinbedarfs bekannt war, mußten durch die erforderliche Menge an qualitätvollen Formsteinen mehrere Werkstätten mit der Produktion beauftragt werden. Die komplizierten Steine, die des großen Südfensters und des Langhausfensters, stellte die Keramikwerkstatt von Hedwig Bollhagen in Marwitz her. Die Steine der Fialen und Gesimse produzierten die Ziegelwerkstatt von Pettstedt bei Weißenfels, die Ziegeleien in Bad Liebenwerda und in Reuten.

Ziel der Restaurierung war es, die Kirche wie zu Schinkels Zeiten wiederherzustellen, dabei wurde auf die Rekonstruktion der Sakristeien verzichtet. Die Durchgänge und das fehlende Sockelgesims an dieser Stelle blieben ablesbar und dokumentieren den Standort der ehemaligen Sakristei. Die noch vorhandenen Keller sollten als Räume für Technik genutzt werden. In dieser Zeit war die spätere Nutzung noch unbekannt, und die Planung mußte vorerst unabhängig von einem Nutzungskonzept entstehen.

Kleine Schadstellen des Mauerwerks sollte ein Steinersatzmaterial füllen, größere Schäden sollten mit neuen Steinen repariert werden, wobei es darauf ankam, soviel Originalsubstanz wie möglich zu erhalten. Der zum größten Teil verwendbare, weil in den 50er Jahren unseres

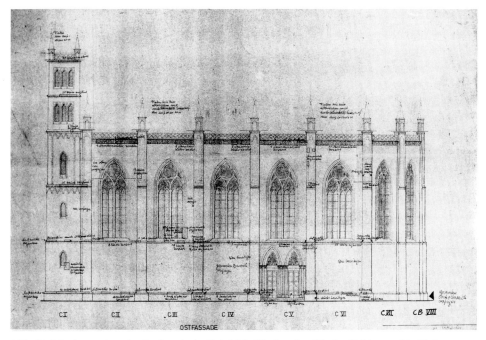

Abb. 57 Schadensanalyse der Ostfassade der Friedrich-Werderschen Kirche, Zeichnung M. Abri, 1981

Jahrhunderts weitgehend überarbeitete Dachstuhl erhielt wie ursprünglich eine Holzschalung mit Zinkblecheindeckung.

Zu Schinkels Lebzeiten war die Dachfläche der Kirche, wie das Gaertner-Gemälde belegt, mit Zink in der Form eines »Berliner Lattendaches« ausgeführt, wohl ähnlich dem Dach der Nikolaikirche in Potsdam[140] (Abb. 64). Die Ausbildung der Dachentwässerung entspricht einem von Schinkel oft verwendeten technischen Detail. Eine Kastenrinne zieht sich hinter dem Traufgesims um das gesamte Dach herum und führt das Wasser in die Fallrohre, die sich in den Schlitzen zwischen Schiff und Turm und am Chor befinden.

Das wohl um die Jahrhundertwende entstandene, im II. Weltkrieg zerstörte Zifferblatt der Turmuhr wurde nach einer von Schinkel genehmigten Zeichnung rekonstruiert[141]. Dabei sitzen die vergoldeten römischen Ziffern auf einem Ring, dem Mittelpunkt zugeordnet. Das Schlagwerk ist mit der alten Glocke im Westturm gekoppelt.

---

[140] »...Bei der Eindeckung des Daches dieser Kirche wurden zuerst die von dem Fabrikanten, Herrn Geiß, in Berlin gegossene Zinkziegel in Anwendung gebracht, welche sich als ein vorzügliches Deckungsmaterial zu bewehren scheinen, sie verlangen nicht Schalung, sondern nur eine Lattung, jeder einzelne Ziegel, welcher schon durch seine Falze in der ganzen Masse fest verbunden liegt, wird noch besonders mittels einer an dem selben angegossenen Lasche von unten an der Latte durch einen Nagel festgehalten...« Hans Kania, Schinkel-Lebenswerk, »Potsdam«, Berlin 1939, S. 37
[141] Landesarchiv Berlin, Mappe I, Friedrich-Werdersche Kirche

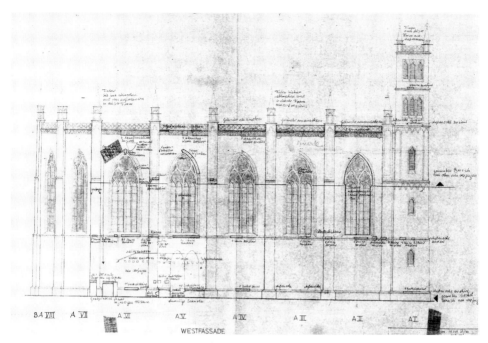

Abb. 58 Schadensanalyse der Westfassade der Friedrich-Werderschen Kirche, Zeichnung M. Abri, 1981

6.2. REKONSTRUKTION DER FIALEN

Mit der Erarbeitung der Restaurierungskonzeption stand der Beschluß, die Reste der Stülerschen Fialen abzutragen, fest. Dabei konnte eine Fiale einschließlich ihrer Zinkgußhaube geborgen und dem Märkischen Museum komplett übergeben werden (Abb. 53 – s. S. 109).

Um der Kirche die Schinkelschen Fialen auf dem Schiff und auf dem Turm zurückzugeben, setzte eine umfangreiche Forschung nach Plänen und anderen Belegen zur ehemaligen Gestalt der Fialen ein. Da die Fialtürmchen kurzfristig nach Schinkels Englandreise aus behauenen Steinen aufgemauert worden waren, fehlte es an Unterlagen. Einen Anhaltspunkt über die Ausmaße der Fialkörper mit profilierten Dreipaßbögen gaben die noch vorhandenen Stümpfe auf dem Turm, die ja nur bis zur Geländerhöhe abgebrochen waren. Als Grundlage für die Rekonstruktion wurden die in der Kirche teilweise noch vorhandenen Steine der Fialtürmchen einschließlich ihrer Gesimse, die in der Joachimstaler Ziegelei im Jahre 1844 nach Schinkelschem Vorbild für die geplante Restaurierung hergestellt worden waren, benutzt. Zur Gestalt der Spitze fand sich eine Rekonstruktionszeichnung aus der gleichen Zeit (um 1843) vom Bauinspektor Berger.

Als wichtigste Quelle stellte sich jedoch das Gemälde von Eduard Gaertner um 1834 vom Dach der Friedrich-Werderschen Kirche heraus. Mit Blick nach Süden und nach Norden ist die Situation auf dem Dach in fotografischer Genauigkeit gemalt und damit die einzige Darstellung des Fialkörpers dokumentiert (Abb. 64).

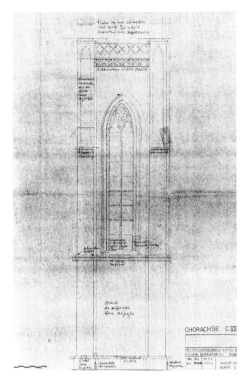 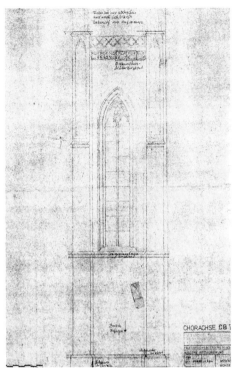

Abb. 59 Schadensanalyse der Chorachse C VII der Friedrich-Werderschen Kirche, Zeichnung M. Abri, 1981

Abb. 60 Schadensanalyse der Chorachse CB VIII der Friedrich-Werderschen Kirche, Zeichnung M. Abri, 1981

Als Vorlage für die Rekonstruktion der Fialen diente der hier im Detail angegebene Aufbau der Türmchen, deren Vergleich mit den vorhandenen Belegen für die Ausführung der Spitze nicht die geringste Abweichung zeigte. So wurde zur Rekonstruktion der Fialen auf dem Schiff überwiegend dieses Gemälde herangezogen, und nach ihm auch die Steine entworfen. Beim Abbruch der Stülerschen Fialen, der gleichzeitig mit der Aufmauerung unter Nutzung desselben Gerüstes vorgenommen wurde, fanden die Maurer als Füllsteine Formsteine des dreipaßbogigen Spiegels der Schinkelschen Fiale. Damit konnte im nachhinein die rekonstruierte Form der Fiale auf dem Schiff bestätigt werden. Die Fialkörper auf dem Schiff gliedert an den von unten sichtbaren drei Seiten je ein Dreipaßbogen (Abb. 65).

Die Formsteine, die den Dreipaßbogen bilden, haben in sich noch eine Krümmung im Profil der Ansichtsfläche, die eine Gestaltungsebene mehr zuläßt, wie die Skizzen des Steinkataloges belegen[142] (Abb. 66). Darüber schließt ein profiliertes Gesims, aus zwei Formsteinschichten mit durchgehenden senkrechten Fugen, an den Rumpf an. Der Verband von drei Steinschich-

---

[142] Der Steinkatalog gibt Auskunft über das gesamte Formsteinprogramm und zeigt skizzenhaft die Formen der einzelnen Steintypen, erleichterte somit das Sortieren und Zuordnen der Steine zu verschiedenen Baugliedern.

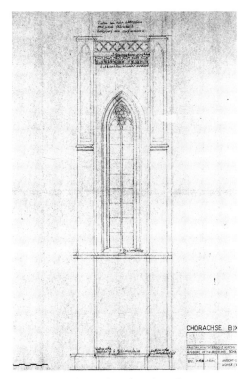 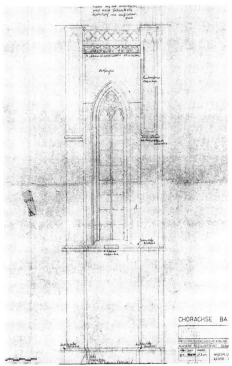

Abb. 61 Schadensanalyse der Chorachse B IX der Friedrich-Werderschen Kirche, Zeichnung M. Abri, 1981

Abb. 62 Schadensanalyse der Chorachse BA VIII der Friedrich-Werderschen Kirche, Zeichnung M. Abri, 1981

ten mit durchgehender Senkrechtfuge ist für Mauerwerk sehr ungewöhnlich, wurde aber von Schinkel, wie die Kopie der Rekonstruktionszeichnung belegt, so vorgesehen.

Besondere Aufmerksamkeit war den Steinen der Pyramidenspitze zu widmen, da es zur Aufmauerung Steine mit einheitlicher Schräge an den Außenflächen bedurfte (Abb. 67). Dabei wurden ein abgeschrägter Eckstein der Läuferschicht, ein schräger Eckstein der Kopfschicht und jeweils ein einseitig abgeschrägter Stein der Läufer- und der Kopfschicht benötigt, die sich dann Schicht um Schicht verjüngen. Die Fiale endet nach oben in einer tütenförmigen Zinkspitze, auf der eine vergoldete Kugel sitzt.

Zur Rekonstruktion der Fialen auf den Türmen dienten die noch vorhandenen Stümpfe der ursprünglichen Fialen. So konnte der genaue Querschnitt der nach allen Seiten gleich gestalteten Fiale bestimmt werden (Abb. 68). Die Formsteine unterscheiden sich jedoch von denen des Fialkörpers auf dem Schiff (Abb. 69). Die Fiale ist um fast 10 cm schmaler. Auch hier wird der Dreipaßbogen von einer rechteckigen Profilierung gerahmt, nur die Bildung des Dreipaßbogens erfolgt schon in der nächsten Ebene ohne ein Zwischenprofil. Beim Vergleich der Profilierung des Dreipaßbogens der Fialen auf dem Schiff mit der der Turmfialen fällt auf, daß diese um eine Rahmung vereinfacht ist (Abb. 65).

Die Spitze ist aus dem Formsteinprogramm der Schifffialenspitze gemauert. Nur ist diese, entsprechend der um 10 cm schmaleren Fiale, bei dem gleichen Neigungswinkel im Grundriß

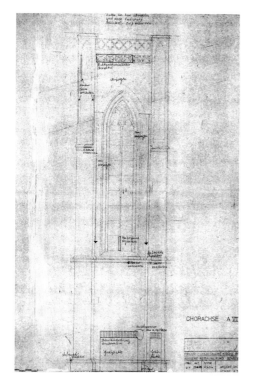

Abb. 63 Schadensanalyse der Chorachse A VII
der Friedrich-Werderschen Kirche,
Zeichnung M. Abri, 1981

Abb. 64 Siehe Farbtafeln V, VI am Schluß des Buches

Abb. 65 Die ersten rekonstruierten Fialen
auf dem Schiff, Foto 1982

auch in der Höhe geringer. Um den Übergang vom Fialkörper zum Ansatz der Pyramiden-
spitze zu schaffen, mußten die großen Gesimssteine eine andere Schräge erhalten. Beim
Betrachten der ziemlich weit entfernten Turmfialen auf dem Gemälde Gaertners findet diese
Erkenntnis Bestätigung. Die Höhe der Turmfialen bestimmte das Verhältnis aus der bekannten
Breite zur unbekannten Höhe, verglichen mit den Verhältnissen auf dem Gemälde. Die Spitzen
der Turmfialen, die sich über einem Gesims des nach allen Seiten von einem einfach profilierten
Dreipaßbogen geschmückten Rumpfes erheben, sind schmaler und um vier Steinschichten
niedriger als die des Schiffes. Diese bewußte Verkleinerung erzielt durch die Entfernung eine
optische Vergrößerung. Die Formsteine der Fialen wurden nach einheitlichem Prinzip hergestellt:

1. Anfertigen von Zeichnungen; Grundriß, vier Ansichten, M 1:1 der gesamten Fiale

2. Dann Zeichnung eines jeden Steines, um das Schwindmaß des Tones vergrößert, in
   Grundriß, Seitenansicht und Schnitt

3. Anfertigung eines Gipsmodells nach dieser Zeichnung

4. Herstellen einer Holzform nach dem Gipsmodell

Die Qualität der so gefertigten Steine war oft sehr unterschiedlich. Durch magische Termine

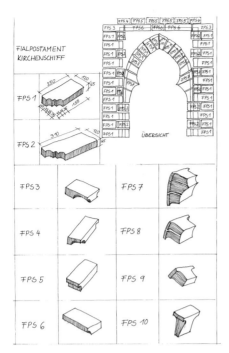

Abb. 66 Der Fialkörper der Schiffiale, Steinkatalog, Zeichnung M. Abri

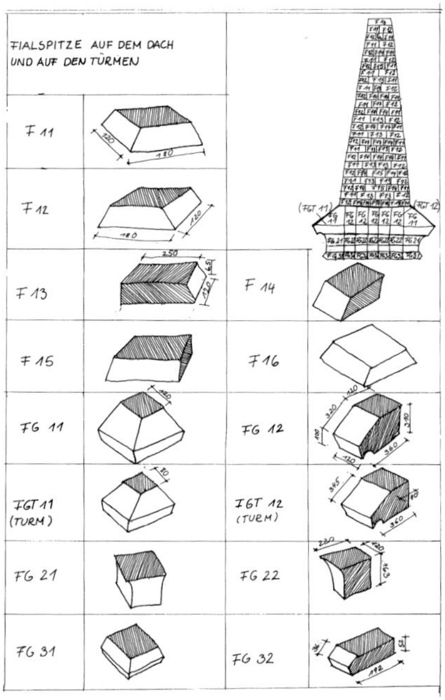

Abb. 67 Die Fialpyramide der Schiff- und
Turmfiale, Steinkatalog, Zeichnung M. Abri

mußten auch Formsteine, die keinen reinen Klang aufwiesen und deren Oberfläche durch
Reibung sich »absandete«, verbaut werden, denn es war unklar, ob der nächste Brand eine
bessere Qualität bringen würde.

Um diese Termine einzuhalten[143], wurde bei den großen Ecksteinen der Fialgesimse, die sehr
lange trockneten und im Ofen oftmals rissen, zu einer Notmaßnahme gegriffen, die denkmal-
pflegerisch sehr zweifelhaft ist. Diese Formsteine wurden durch in Beton gegossene und in
noch feuchtem Zustand mit Steinersatzmaterial in der Farbe des Ziegels beschichtete Steine
ersetzt, so daß ein gleichmäßiger Abbindungsprozeß erfolgte. Der defekte Formstein diente
direkt als Modell für die Silikonkautschuckform, aus der der Betonstein entstand. Nach fast
6jähriger Standzeit weisen diese Steine bisher keine Schäden auf. Die Spitze der Fialen mit Tüte
und Kugel waren an einem langen Stab im Mauerwerk der Fialspitze eingelassen, wie das
Gemälde von Gaertner belegt. Bei der Rekonstruktion wurde dieses Detail zum Vorbild und
der Stab zusätzlich mit einer rechtwinklig angeschweißten Platte ins Mauerwerk der Fialspitze
beim Aufmauern eingesetzt.

Die Tüte mit der vergoldeten Kugel über den herausragenden, mit einem Gewinde verse-
nen Stab gefädelt, befestigte dann die Spitze, die, im Innern mit einem Gewindestück versehen
und durch Verschrauben die Kugel mit Tüte auf das Pyramidenende preßt.

---

[143] z. B. zum 7. Oktober oder zum 1. Mai 1982/1983

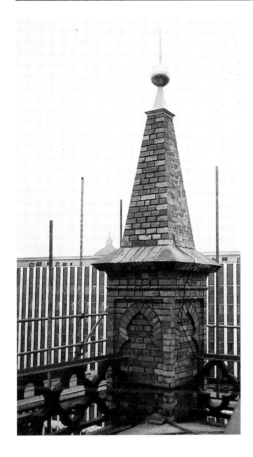

Abb. 68 Die erste rekonstruierte Fiale auf dem Turm, Foto 1983

6.3. Restaurierung und Rekonstruktion der Fenster

Die Steine der Chorfenster und einiger Langhausfenster wiesen kleinere Schäden auf, die mit Steinersatzmaterial ergänzt werden konnten (Abb. 70).

Teilweise mußten an den Chorfenstern die Steine ausgewechselt werden. Dazu fanden die bereits für die Rekonstruktion der sechziger Jahre vorgesehenen Formsteine Verwendung. Auch an den Langhausfenstern wurden einige Steinauswechselungen notwendig. Die erforderlichen Steine entstanden aus den Formen des neu herzustellenden westlichen Langhausfensters. Größere Schwierigkeiten traten bei der Rekonstruktion des völlig zerstörten Langhausfensters und des großen Südfensters, durch die verlorengegangene Methode der Steinherstellung eines solchen Maßwerkes, auf.

Bei der Rekonstruktion konnte auf die unterschiedliche Färbung der oberen Leibungs- und Maßwerksteine gegenüber den normalformatigen Leibungssteinen und den Stabwerken, die wohl auf die Beteiligung der unterschiedlichen Ziegeleien an der Ausführung der Formsteine zurückzuführen war, keine Rücksicht genommen werden.

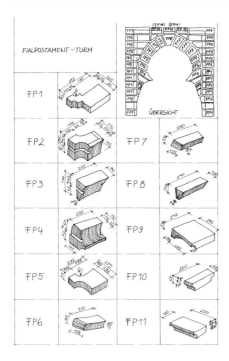

Abb. 69 Der Fialkörper der Turmfiale,
Steinkatalog, Zeichnung M. Abri

Ursprünglich hatten die Fenster keine Rahmen, sie wurden nur durch die Windeisen stabilisiert. Die Drei- und Fünfpässe waren durch aussteifende Windeisen gegliedert, die auch als Gestaltungsvorgabe für die farbigen Fensterverglasungen dienten. Mit der Rekonstruktion wurden die Windeisen aller Drei- und Fünfpässe von 1914 entfernt und die aus einer Schinkelzeichnung bekannte Gliederung der Windeisen wiederhergestellt[144]. Die das Stabwerk stabilisierenden Windeisen blieben nach Möglichkeit erhalten. Dabei mußte aber die geplante Schutzverglasung mit ihrer Rahmung berücksichtigt werden.

Das Rahmensystem, das nun eingebracht werden mußte, bestand aus drei Teilen:

1. Einem Rahmen im L-Profil, der an dem Fensteranschlag mit Spreizdübeln angeschraubt wurde. An diesem sind innen acht Gewindestifte so befestigt, daß die Schutzverglasung noch Platz findet.
2. Danach wird ein Vierkantrahmen als Abstandhalter zur Bleiverglasung eingesetzt.
3. Die Bleiverglasung hält ein flacher, mit Löchern versehener Rahmen, der mittels Schrauben an die Gewindestifte angezogen wird.

Zwischen der verzinkten Stahlrahmenkonstruktion und den aus statischen Gründen nicht durch Bohrungen geschwächten alten Windeisen wurde als Korrosionsschutz eine elastische Trennungsmasse gespritzt.

Dieses System fand bei allen Fenstern, bis auf die drei Chorfenster, die die Originalscheiben enthalten, Anwendung. Hier fehlt am Aufbau des Rahmensystems die Bleiverglasung. Diese wurde extra in Kupferrahmen, mit kleinem Abstand oben und unten, frei und somit luftumspült vor das Rahmensystem zwischen die Pfosten gesetzt.

---

[144] Mappe Friedrich-Werdersche Kirche, Landesarchiv Berlin

Abb. 70 Ansicht und Schnitt des Langhaus- und Chorfensters, Verzapfung der Spitzbögen mit Dreipässen des Langhausfensters fehlt, Tusche, rot-schwarz-grau laviert

6.4. Rekonstruktion des Langhausfensters

Die Rekonstruktion der Fenster begann zunächst mit dem Langhausfenster, um die hierbei gewonnenen Erfahrungen dann beim Südfenster anwenden zu können. Dabei standen aus dem Rekonstruktionsversuch der 60er Jahre die beiden Dreipässe, die vier kleinen Spitzbögen und der Fünfpaß des Maßwerkes zur Verfügung, so daß nur noch das große Rahmensystem und das Stabwerk hergestellt werden mußten (Abb. 71). Zunächst erfolgte eine genaue Bauaufnahme des Fensterumrisses. Es konnten die fehlenden Maße für die im Maßstab 1:1 notwendige Ansichtszeichnung der Formsteine am Nebenfenster genommen werden. Das Maßwerk wurde nach einer Ansichtszeichnung im Maßstab 1:1, die um das Schwindmaß des Tones vergrößert wurde, hergestellt und die Radien der Spitzbogen und des Kreises errechnet und eingetragen. Danach fertigte man eine metallbeschlagene Holzschablone im Querschnitt der Pfostensteine an (vom Mittelpfosten mit Wulst und von Einfachpfosten). Der Ton, der in großen Mengen, der Figur folgend, auf der Zeichnung ausgelegt wurde, bekam durch die profilierten, in bestimmten Radien gezogenen Schablonen seine Form. Die Steine wurden dann entlang der Radien, nach Vorgabe der anderen Langhausfenster, geschnitten. Dieses Verfahren mußte einmal für die Außensteine und dann für die um den Anschlag schmaleren Innensteine

Abb. 71 Maßwerk des Langhausfensters, die dunkel angelegten Steine sind anzufertigen, die hellen Steine sind von der letzten Rekonstruktionsplanung von ca. 1960 noch vorhanden, Zeichnung, 1982, M. Abri

angewendet werden. Ein umfangreiches Formsteinprogramm, wie die Skizzen aus dem Steinkatalog belegen, galt es zu bewältigen (Abb. 72).

Die Pfostensteine wurden nach dem gleichen Prinzip, wie bereits bei den Fialsteinen beschrieben (Zeichnung, Modell, Form), hergestellt. Auch sie bestehen aus einem Innen- und Außenstein mit einem durchgehenden Loch für die Bewehrung in der Mitte, die aufgrund der neuen Belastung durch eine Schutzverglasung notwendig wurde und die Konstruktion zusätzlich sicherte. Vor der Aufmauerung lagen alle Steine auf der im Maßstab 1:1 gefertigten Zeichnung aus, um danach ein hölzernes Lehrgerüst für die Drei- und Fünfpässe und die Spitzbogen zu bauen (Abb. 73).

6.5. Rekonstruktion des Südfensters

Die Rekonstruktion des großen Südfensters war von seiner Form her, mit sechsachsigem Stabwerk und Mittelkämpfer, wesentlich schwieriger. Die Pfostensteine einschließlich der Mittelpfosten – auch die des Kämpfers – blieben in ihrem Ansatz bei den Sicherungsmaßnahmen erhalten und wurden mit eingemauert (Abb. 74).

Nach diesen Vorbildern konnten Zeichnungen der Pfostensteine (Grundriß, Schnitt und Ansichten im M 1:1), um das Schwindmaß des Tones vergrößert, angefertigt werden, um dann ein Modell und davon eine Form herzustellen. Nach genauer Bauaufnahme des Südfensterumrisses begann die Rekonstruktion (Abb. 75). Von den in den Kämpfer mündenden sechs Spitzbögen wurde von der einen Seite, der Mittelpfosten galt als gedachte Symmetrieachse, eine Zeichnung im Maßstab 1:1 plus Vergrößerung um das Schwindmaß angefertigt, um so die Form der einzelnen Steine, die von dem Normalformat der Pfostensteine abweichen, genau ermitteln zu können (Abb. 76).

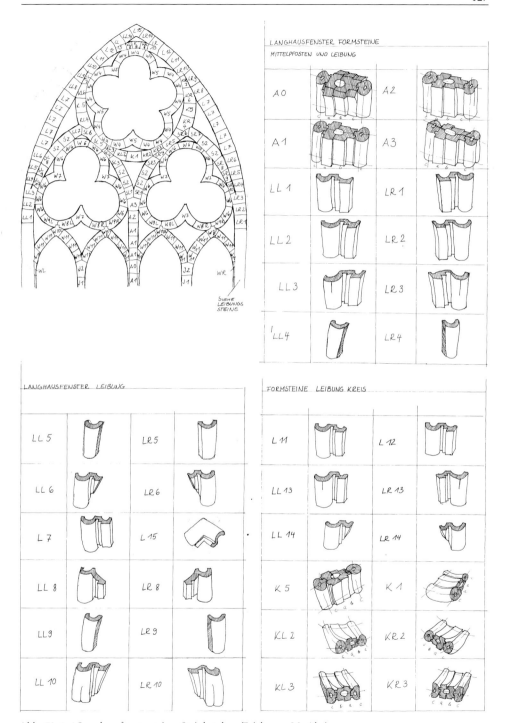

Abb. 72 1–4 Langhausfenstersteine, Steinkatalog, Zeichnung M. Abri

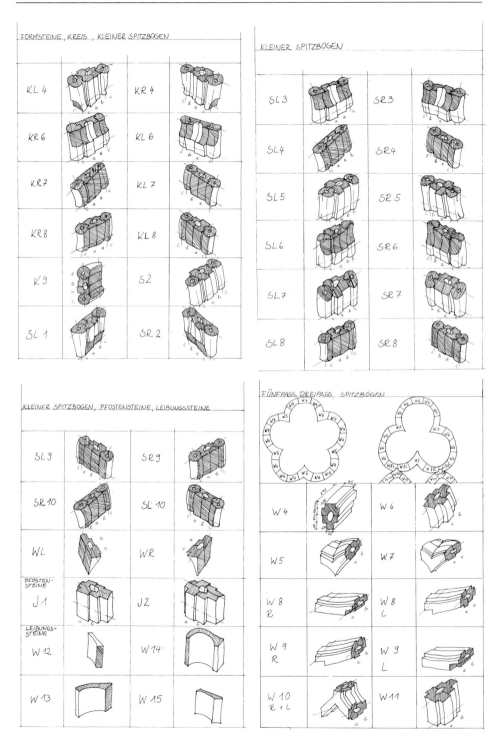

Abb. 72 5–8 Langhausfenstersteine, Steinkatalog, Zeichnung M. Abri

Abb. 73 Ausgelegte Maßwerksteine des Langhausfensters, Foto 1983

Dann wurde jeder dieser Steine in Grundriß, Aufriß und Schnitt gezeichnet, um danach das Modell zu arbeiten und davon die Gipsform herzustellen. Zur Rekonstruktion des Maßwerkes diente das aufgrund der Erfahrungen am Langhausfenster gewonnene Prinzip. Auf der um das Schwindmaß vergrößerten 1:1-Ansichtszeichnung wurde der Ton ausgelegt und von Schablonen, deren Achsen die errechneten und eingezeichneten Radien bestimmten, frei gezogen und dann entlang der Radien geschnitten. Da sämtliche Steine von Bewehrungseisen durchzogen werden sollten, konnte in einigen Fällen nicht die Steinteilung, wie sie in Schinkels Zeichnung angegeben war, übernommen werden. Z. B.:
(Vgl. Abb. 74, 75)

1. Die Pfostensteine, aus denen sich die kleinen Spitzbögen entwickeln, sind bei Schinkel mittig geteilt (AJ 2, AJ 10)[145].
2. Der Stein zwischen Dreipaß und Spitzbogen ist bei Schinkel mittig geteilt. Bei der Restaurierung ist daraus ein Stein entstanden, und dadurch bekamen die oberen kleinen Spitzbögen eine andere Aufteilung (AD 3, AD 4 l, AD 4r, AD 5 l, AD 5r, AD 6)
3. Der Fugenschnitt zwischen Kreis und großem Spitzbogen wurde nicht wie bei Schinkel verzahnt, sondern geradlinig ausgebildet (AL 12 l, AL 14 l, AL 15 l, AL 16 l, AL 12r, AL 14r, AL 15r, AL 16r)

Das Stab- und Maßwerk, welches in Zukunft eine größere Last mit Schutzverglasung,

---

[145] Bezeichnung vgl. Steinkatalog

Abb. 74 Süd- und Chorfenster der Werderkirche, Zeichnung K. F. Schinkel, Bleistift, Tusche

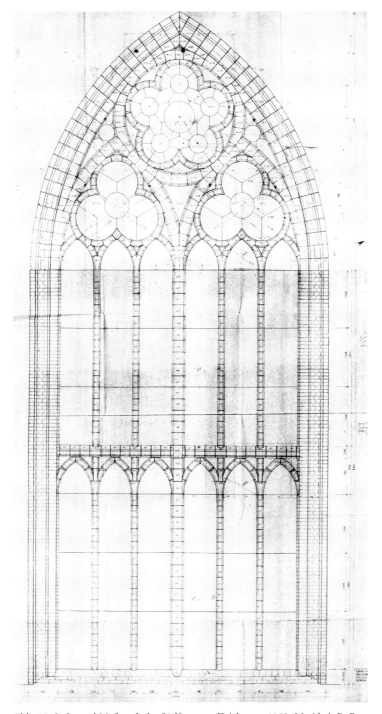

Abb. 75 Stab- und Maßwerk des Südfensters, Zeichnung 1982, M. Abri, P. Brenn

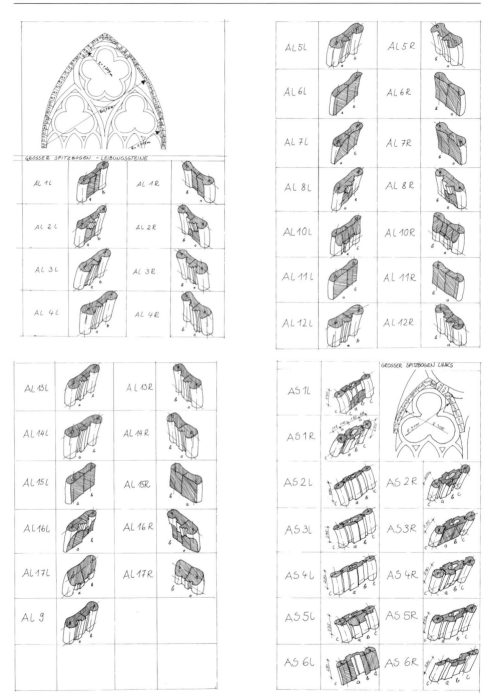

Abb. 76 1–4 Stab- und Maßwerksteine des Südfensters, Steinkatalog, Zeichnung M. Abri

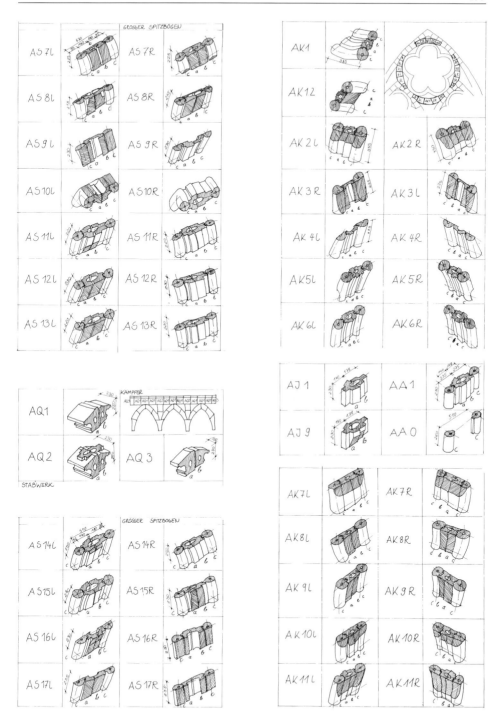

Abb. 76 5–8, 11 Stab- und Maßwerksteine des Südfensters, Steinkatalog, Zeichnung M. Abri

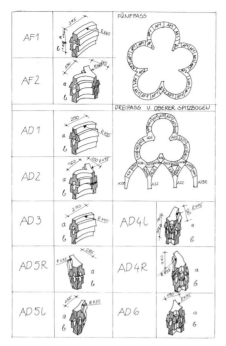

Abb. 76 9–10 Stab- und Maßwerksteine des Südfensters, Steinkatalog, Zeichnung M. Abri

Bleiverglasung und dem entsprechenden Rahmensystem zu tragen haben würde und eine zusätzliche Stahlbewehrung würde aufnehmen müssen, konnte eine solche Schwächung des Querschnittes nur schlecht vertragen (Abb. 77). Bei den auf die Bewehrung gefädelten Formsteinen mußte aus statischen Gründen eine senkrechte Fuge, die den Stein in Längsrichtung teilte, vermieden werden. Auch bei den unteren Spitzbögen wurde aus statischen Gründen auf die Halbierung der Pfosten verzichtet.

Um Maßungenauigkeiten auszugleichen, war es wichtig, die Zahl der übergreifenden Formsteine so gering wie möglich zu halten, so daß das große und kleine Rahmensystem, die Dreipässe und der Fünfpaß einzeln aufgemauert werden konnten. Für die Herstellung der um den Anschlag schmaleren Innensteine mußte der gleiche Prozeß wiederholt werden. Nach den auf der Baustelle entlang der Ansichtszeichnung des Maßwerkes (Maßstab 1:1) ausgelegten Formsteinen fertigten die Maurer Lehrschablonen an. Eine besondere Schwierigkeit bei der Aufmauerung entstand durch die Einbringung der Bewehrung. Die Bewehrungsstäbe hatten z. B. Kämpfersteine gleichsam horizontal aufzufädeln, zwischen denen dann die vertikale Bewehrung des Stabwerkes durchführte. Das verlangte von den Maurern eine hohe Präzisionsarbeit (Abb. 78).

Abb. 77 Verbindung Mittelkämpfer und Stabwerk des Südfensters, Foto 1984

6.6. Wiederherstellung der Turmfenster

Die im Grundriß quadratischen Türme gliedern sechs Gesimse in fünf Geschoßebenen. Die im Bereich des direkten Anschlusses an das Langhaus entstehenden zwei Seitenflächen öffnet je ein spitzbogiges Fenster. Das ursprünglich für diese Fenster vorgesehene Stab- und Maßwerk wurde nicht ausgeführt. So gestalten den Turm im ersten und zweiten Turmgeschoß auf jeder Seite gleichgroße spitzbogige, von einer profilierten Leibung gerahmte Fenster. Die langge-streckten Fenster des dritten Geschosses nehmen die Breite der anderen auf. Den frei sich in zwei Geschossen über dem Schiff erhebenden Turm öffnet auf jeder Seite ein dreipaßbogiges Drillingsfenster, von einer rechteckigen Rahmung gefaßt (Abb. 79). Die Fenster des ersten Geschosses beleuchten das sandsteinerne Treppenhaus, das zu den Emporen führt (Abb. 80). Es trägt eine rautenförmige Verglasung. Die anderen Fenster füllen hölzerne Jalousien zur Lüftung und Belichtung des Turminnern mit hölzerner Treppe, die zum Glockenstuhl führt. Die Turmfenster im unteren Bereich sind recht gut erhalten, während an den Drillingsfenstern Steinausbesserungen und Steinersatz notwendig waren.

Abb. 78 Aufmauerung des Südfensters mit Bewehrung im Bereich des Kämpfers, Foto 1984

6.7. Restaurierung der Doppelportale

Das Südportal wies einige Schäden auf, die aber größtenteils mit Steinersatzmaterial beseitigt werden konnten, während das westliche Seitenkapitell, das mittlere Kapitell mit dem fehlenden, postamentartigen Kapitell sowie die beiden östlichen Kapitele vollständig erneuert werden mußten. Für die mit Akanthus geschmückten Kapitele wurde ein unbeschädigtes Kapitell aus der Fassade entnommen und davon ein vergrößertes Modell (nach dem Schwindmaß des Tones) geschaffen, das als Vorlage für die Rundform diente. Die untergriffenen Blätter mußten nach dem Formen auf den Rohling aufgarniert und nachgearbeitet werden. Die Profilierung des von Spitzbögen geschmückten postamentartigen Kapitells wurde nach einem Foto in Gips (um das Schwindmaß des Tones vergrößert) rekonstruiert und davon eine Rundform hergestellt. Auf den aus der Form gelangten Rohling garnierte man die Spitzbögen, von herauswachsenden Blättern geschmückt, auf. Der linke angezogene Flügel des westlichen Engels mit dem fehlenden oberen Teil war zerbrochen und wurde in Gips nachgeformt. Von diesem Flügel fertigte man ein um das Schwindmaß vergrößertes Modell an, von dem eine Gipsform abgenommen wurde, in der der Flügel aus Terrakotta entstand (Abb. 81). Der östliche Engel wies größere Schäden am linken Arm auf. Die originale Substanz konnte durch Ausbesserungen mit bewehrtem Steinersatzmaterial erhalten werden. Der in Kupfer getriebene Erzengel Michael lagerte mit größeren Schäden und stark deformiert im Pfarramt. Die

Abb. 79 Die Turmfenster der oberen Geschosse, Foto 1983

Abb. 80 Turmfensterdetail, 2. Obergeschoß, Foto 1983

Zerstörung war zwar weit fortgeschritten, aber mit großer Sachkenntnis konnte der Erzengel Michael ausgebeult, geflickt und so in der Originalsubstanz (1914) gerettet werden. Die Beine vom Knie ab, einschließlich des wurmartigen Drachens, fehlten ganz. Alte Fotos dienten als Vorlage zur Ergänzung der fehlenden Teile, die zunächst in Gips vorgenommen wurde. Nach dem so entstandenen Gipsmodell konnten die Teile in Kupfer getrieben, ergänzt und der Erzengel wiederhergestellt werden[146]. Das Ostportal wurde aufgrund seiner geringen Schäden nur mit Steinersatzmaterial repariert. Die links unten angeordneten Medaillons beider linken Türflügel waren stark zerstört und wurden nachgegossen. Auch das linke Medaillon der linken Tür des Südportals mußte durch einen Nachguß ersetzt werden. Den defekten rechten Türrahmen ergänzt im unteren Teil eine Anfügung.

Alle Türen wurden auseinandergebaut, die Rahmen entrostet und mit einem vor Rost schützenden Grundanstrich versehen. Die schon stark vom Rost zernarbten Medaillons

---

[146] In der Werkstatt des Kunstschmieds A. Kühn

Abb. 81 Restauriertes Südportal, Foto 1987

erhielten eine Feuerverzinkung. Dem folgte ein in mehreren Schichten aufgetragener bronzierender Anstrich. Von der Konzeption, die plastischen Teile mit Goldbronze anzuwischen, nahm man aufgrund der zernarbten Oberfläche Abstand.

6.8. Wiederherstellung der Gesimse

Um die Gesimse genau zu rekonstruieren, erfolgte eine Analyse der Gestalt aller Gesimse am Bau. Die umlaufenden Sockel- und Fenstergesimse setzen sich, da sie um die Strebepfeiler herumführen, zusätzlich aus Innen- und Außenecksteinen zusammen; während das Kaffgesims und das Traufgesims jeweils aus mehreren Steinen eines Typs gebildet wird (Abb. 82).

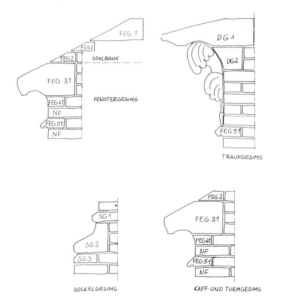

Abb. 82 Schematische Darstellung des Trauf-, Fenster-, Kaff- und Sockelgesimses, Steinkatalog, Zeichnung M. Abri

Die die Türme umfassenden Gesimse bestehen aus dem Formsteinprogramm des Fenstergesimses, dabei findet die Außenecke zusätzlich noch an der Turmecke Verwendung.

Die Formsteine der Gesimse, Fialen und Fensterleibungen wurden nach einem bestimmten Prinzip hergestellt. Von den ausgestemmten Steinen wurden Werkstattzeichnungen (Grundriß, Ansicht, Schnitt) im Maßstab 1:1 plus der Vergrößerung um das Schwindmaß des Tones angefertigt. Nach diesen Zeichnungen wurde ein Gipsmodell modelliert und nach dem eine Form geschaffen (je nach Bedarf entweder in Gips oder bei einem Steinbedarf von mehr als 90 Stück in Holz). Bei komplizierten Formen, wie zum Beispiel Ecksteinen, mußte diese

Abb. 83 Traufgesims mit noch nicht farblich behandelten Beton-Akanthusblättern, Foto 1983

aufklappbar sein. Zum Formen wurde Schalungsöl verwendet. Dann begann der Trocknungs-prozeß. Die ausgeformten Steine trockneten auf Holzbrettern in einem beheizbaren Trocken-raum. Von dort aus gelangten sie zum Brennen in die Öfen. Die schadhaften, ausgestemmten Steine wurden durch neue Formsteine ersetzt. Kleinere Schäden erhielten Ausbesserungen in Steinersatzmaterial, das, nach Herstellung einer sauberen Bruchstelle, bei größeren Fehlstellen noch zusätzlich bewehrt werden mußte. Der Kompromiß bei der Restaurierung des Traufge-simses, die Fertigung des Akanthusblattes in Beton, entsprach nicht der Restaurierungskon-zeption. Das unter dem Traufgesims sitzende Akanthusblatt besteht aus zwei Teilen: einem unteren Teil, dessen Blätter sich nach außen schwingen und eine untergriffige Form entstehen lassen, und einem Oberteil, das diesen Schwung aufnimmt und zu einer schützenden, dachähnlichen Form ausläuft. Diese beiden Teile sind durch Holzdübel verbunden. Das Unterteil steht auf einem kleinen Gesims. Es hat an der Rückseite Stege, die ins Mauerwerk eingebunden sind. Das Oberteil ist durch ein Loch auf einen tief ins Mauerwerk eingebrachten Anker gefädelt und hält durch die mit der Ankerspitze verschraubte Mutter. Dazu kommt der Halt durch die Holzdübel von unten. Diese Akanthusblätter liegen zwar geschützt unter dem Traufgesims, sind aber vor allem an der Westseite stark der Witterung ausgesetzt. Da die Oberfläche so porös war und die geschwungenen Blätter abbrachen und zum größten Teil fehlten, mußten sie durch neue ersetzt werden. Die Form in Ton zu fertigen, brachte große Schwierigkeiten vom Herstellungsaufwand bis hin zur Fertigungszeit, und so wurde ein Teil dieser Blätter durch Betonakanthusblätter, die in einer Silikonkautschuk-Form nicht so dünn wie die tönernen gefertigt werden konnten, ersetzt. So stehen sie etwas mehr vor dem Mauerwerk auf dem kleinen Gesims (Abb. 83). Sie erhielten einen Anstrich entsprechend der Farbigkeit des Tones. Die alte Konstruktion mit Mauerankern konnte nach Lösen der Mutter wiederverwendet werden. Diese zweiteilige, komplizierte Zierform hätte wegen des hohen künstlerischen und technischen Anspruches nur in der Werkstatt für Keramik in Marwitz hergestellt werden können. Diese war aber schon für die Fensterfertigung bilanziert und nicht mehr verfügbar.

Das Traufgesims umfaßt das gesamte Gebäude und wird nur durch die Strebepfeiler und die Türme unterbrochen. Zwischen den Kompartimenten des Langhauses spannten sich je zehn, zwischen denen am Chor je sechs und zwischen den Türmen elf Akanthusblätter, so daß dieses Element am Bau 141 mal Verwendung fand. Davon wurden ca. 95 % in Beton ersetzt.

6.9. BEHANDLUNG DES VIERPASSGELÄNDERS

Die gußeisernen Vierpässe waren oben und unten mit einer Schiene verschraubt. Die untere Schiene verbanden Schrauben mit dem Mauerwerk, und beide liefen zur Befestigung seitlich in das Mauerwerk der Strebepfeiler. Die Vierpässe hielt eine Schraubverbindung aneinander. Das einzige noch vorhandene Stück der gußeisernen Vierpaßbalustrade spannt sich auf der Attikamauer zwischen den beiden Türmen. Dieses ist auch in seinen ursprünglichen Befestigungsdetails erhalten. Das Geländer erhielt, dem Gemälde von Eduard Gaertner entsprechend, einen backsteinimitierenden Anstrich mit Fugenteilung. Das Vierpaßgeländer wurde aus u-förmigem Stahl in der gleichen Form in den 60er Jahren unseres Jahrhunderts nachgebildet, wobei die Rückseite offen blieb. Dadurch sind die Elemente leichter. Eine schräge Abstützung verleiht dem Geländer die erforderliche horizontale Steifigkeit (vgl. Abb. 65).

6.10. REKONSTRUKTIONSPLÄNE FÜR DEN INNENRAUM (1983)

Zu Beginn der inneren Rekonstruktion stand die spätere Nutzung der Kirche noch nicht fest. Der Innenraum war bis auf die völlig zerstörte Orgelempore in einem restaurierbaren Zustand, d.h. alle fehlenden architektonischen Gliederungen konnten bis ins kleinste Detail durch in der Kirche noch vorhandene Vorbilder rekonstruiert werden. Damit war die Möglichkeit gegeben, einen von Schinkel konzipierten, sakralen Innenraum in seiner Vollständigkeit wiederherzustellen (Abb. 84).

Für eine »gedachte« Nutzung standen als Nebenräume die an der Westseite angelagerten Keller der ehemaligen Sakristei sowie der im Innern zerstörte Westturm zur Verfügung.

Diverse Schäden an den hölzernen, arkadenbogigen Emporen mit ihren Vierpaßbrüstungen

Abb. 84 Der Innenraum der Friedrich-Werderschen Kirche, Foto 1962

Abb. 85 Blick nach Süden auf die zerstörte Orgelempore, Foto 1980

Abb. 86 Die Kanzel vor der Restaurierung, Foto 1984

konnten ergänzt werden. Die engelbemalten Zwickel wurden konserviert und Fehlstellen durch eine glatte Holzplatte ersetzt. Die hölzerne Emporenkonstruktion mußte teilweise erneuert und repariert werden (Abb. 85). Die ursprünglich breite Dielung der Emporen ist ersetzt durch eine neue, viel schmalere, die teilweise auf den alten Lagerhölzern verlegt ist. Die eichenen Emporen befreite Abbeizer von der dunklen, rotbraunen Lasur, und der helleichene Ton zeigte sich wieder im alten Glanz. »...Bei der Ausschmückung des Innern ist der Holzarchitektur ein weiter Anteil zugewiesen, und zwar ist durchgehends Eichenholz verwandt, dessen Naturfarbe durch einen feinen Überzug mit klarem Lack einen schönen goldbraunen Ton erhalten hat...«[147]

Die Kanzel konnte aufgrund der noch vorhandenen Teile restauriert werden, und Fehlstellen ersetzten nach Vorbild gefertigte Details (Abb. 86, 87). Den Sandsteinimitationsanstrich stellten Restauratoren mit Kalkkaseinfarbe nach Befund wieder her. Die Östliche Treppe zur Empore war nur noch bis zum ersten Podest vorhanden und konnte nach Vorbild der bis auf einige Verzierungen vollständig erhaltenen Westtreppe erneuert und mit originalgetreu rekonstruierten Teilen ergänzt werden (Abb. 88).

Da es an jahrelang abgelagerter Eiche fehlte, diente furniertes Holz für die Ergänzungen; so entstand zwar ein optischer Gesamteindruck, jedoch entgeht dem sorgfältigen Betrachter die »Zutat« nicht. Die Fräser mußten entsprechend den benötigten Profilen angefertigt werden. Die zerstörte Orgelempore wurde heute durch eine mit Holz umkleidete Stahlkonstruktion ersetzt, in der äußeren Form, dem Material und den Proportionen dem Vorbild entsprechend, nur in der Holzstruktur von den übrigen Arkadenbögen zu unterscheiden. Die ursprüngliche Form mit den geraden, doppelten Durchgängen und dem Gemälde auf überhöhtem Brüstungsfeld wurde nicht wiederholt. Durch das im Krieg verlorene Gemälde »Glaube, Liebe, Hoffnung«, dessen Unterbringung ja zur Veränderung der Orgelempore geführt hatte, fehlte nun die Motivation zur Herstellung dieses Zustandes. Statt dessen wurden Schinkels ursprünglich geplante, dreiachsige Arkadenbögen rekonstruiert (Abb. 89).

Das Aussehen der riesigen, eichenen Türen unter der Orgelempore belegt eine kleine Zeichnung[148]. Sie diente als Vorbild der Rekonstruktionszeichnung (Maßstab 1:1), während die profilierten Vierpässe und die Profilleisten nach den originalen Türen zu den Türmen gefertigt wurden. Den oberen Abschluß zur Emporendecke des Windfanges bildet wieder die gemauerte spitzbogige Tonne mit eingeschnittenen Fensterbögen.

Der ausgebrannte Westturm erhielt vier Betondecken, um Nebenfunktionen, wie Toiletten und Büros, aufzunehmen. Im Ostturm blieb die im Original vorhandene sandsteinerne Treppe mit ihrem Geländer aus rechteckigen Feldern und diagonal gekreuzten Vierkanteisen erhalten. Über dem Ausgang zur Empore setzt sich die Holztreppe zur Erschließung des Turmes und des Daches fort. Die große Altarwand hinter der Mensa wurde wegen der teilweise verschollenen Gemälde und der zerstörten Holzkonstruktion nicht rekonstruiert. Nur die Mensa blieb mit ihrer rohen Rückseite erhalten, um an die ehemalige Altarwand zu erinnern.

Die Stukkaturen unter den Emporen und in den spitzbogigen »Tonnen« der Fensternischen wurden zum Teil neu gezogen und verlorene Stücke ergänzt. Die fehlenden Kapitelle der Dienste wurden, wenn auch das gegenüberliegende Pendant fehlte, durch Gipsabgüsse der im

---

[147] J. Krätschell, »Schinkels gotisches Schmerzenskind, die Werdersche Kirche in Berlin«, »Blätter für Architektur und Kunsthandwerk«, 1888, No. 12, S. 116

[148] Landesarchiv Berlin, Mappe Friedrich-Werdersche Kirche

Abb. 87 Kanzeldetail vor der Restaurierung, Foto 1984

Abb. 88 Blick auf die westliche Emporentreppe, Foto 1980

Abb. 89 Blick auf die rekonstruierte Orgelempore mit fertiggestelltem Südfenster, Foto 1987

Abb. 90 Blick in die Gewölbe vor der Restaurierung, mit verschalten Emporen, 1984

Abb. 91a Engelgestalt, mittleres Chorfenster,
linker Flügel, Scheibe kurz nach der Bergung, 1982

Abb. 91b Engelgestalt, mittleres Chorfenster,
rechter Flügel, Scheibe kurz nach der Bergung, 1982

Abb. 92a Engelgestalt, östliches Chorfenster, linker Flügel, Scheibe kurz nach der Bergung, 1982

Abb. 92b Engelgestalt, östliches Chorfenster, rechter Flügel, Scheibe kurz nach der Bergung, 1982

Abb. 93a Engelgestalt, westliches Chorfenster,
linker Flügel, Scheibe kurz nach der Bergung, 1982

Abb. 93b Engelgestalt, westliches Chorfenster,
rechter Flügel, Scheibe kurz nach der Bergung, 1982

Chor vorhandenen Kapitelle ersetzt (Abb. 90). Die Kirche bekam eine Fußbodenheizung. Der Fußboden wurde entsprechend der Schinkelschen Idealperspektive (1829) gestaltet. Dabei konnte die vorhandene Plattengröße von 40 × 40 cm, die in den Gängen zwischen der Bestuhlung lag, aus Materialgründen nicht eingehalten werden[149]. Die rot-grüne Farbigkeit wie auch das Material Marmor wurden übernommen. Ein Teil des ursprünglichen, aus diagonal angeordneten, großen und kleinen Tonfliesen bestehenden Fußbodens des Chores blieb unter der östlichen Empore erhalten, während den übrigen Fußboden im Chor diagonal verlegte, grüne Marmorplatten gestalten.

Die Schäden der fünf zum Chor führenden, aus Tritt- und Setzstufen bestehenden, marmornen Treppen ergänzte das Material der unter den Emporen befindlichen Treppen, die dann neue Treppen nach altem Vorbild ersetzten.

Auch die Gewölbe konnten nach Vorlage der alten Malerei wiederhergestellt werden, dabei wurde im zweiten Joch ein Teil der alten ziegelimitierenden Deckenmalerei gesäubert, gefestigt und erhalten.

Um den Raumeindruck zu vervollständigen, wurde an Hand von Vorlagen die Fensterverglasung rekonstruiert. Bei baulichen Maßnahmen im Berliner Dom, im Winter 1982, fanden sich im Keller Kisten, die die im Krieg ausgelagerten Originalscheiben der drei Chorfenster enthielten. Dabei handelte es sich um die sechs Engel der drei Chorfenster, einige Scheiben der Drapieriebemalung und der ornamentalen Arabesken, so daß die Chorfenster in ihrer Vollständigkeit rekonstruierbar waren (Abb. 91a, 91b, 92a, 92b, 93a, 93b, 94, 95, 96). Für die Farbigkeit des Maßwerkes diente das Aquarell von Friedrich Wilhelm Klose zum Vorbild.

Die figürlichen Scheiben sind in körpermodellierender Manier, von flächenhaft wässrigem Ton bis zur kräftigen Lasur, die je nach Bedarf flächig oder mehr linear ausgeführt wurde, bemalt. Den Grundton der Gewänder bestimmt farbiges Glas, und sie erhalten durch den modellierenden Malstil Faltenwurf und Bewegung.

Alle geborgenen Scheiben wurden gereinigt und neu gebleit. Durch eine Klebetechnik konnte auf spätere, durch Reparaturen hinzugefügte Hilfsbleie, die teilweise die Form störten, verzichtet werden. Bei der Restaurierung wurde festgestellt, daß wohl während der 1914 bis 1916 durchgeführten Renovierungsarbeiten zwei Engelgestalten umfangreich überarbeitet und größere Teile von Gesicht- und Gewandpartien erneuert worden waren. Der Malstil stellt sich durch Schraffuren härter und präziser dar, und der Gesichtsausdruck wird konkreter, leidenschaftlicher. Die ergänzten Gewandpartien dagegen haben durch fehlende Schattierungen und abweichende Farbwerte an Plastizität verloren.

Diese Scheiben wurden unter Berücksichtigung der Veränderungen des Jugendstils restauriert[150] (Abb. 91b, 92a).

Die Chorfenster entsprechen in ihrer Ausführung genau dem Entwurf (Abb. 97). Diese Übereinstimmung wurde zum Anlaß genommen, auch die Verglasung der Langhausfenster und des Südfensters, nach den Entwürfen von Hesse mit Schinkels Genehmigungsvermerk, zu rekonstruieren[151]. Damit war eine Übersetzungsmöglichkeit der Farben des Entwurfes in die originale Farbigkeit gefunden.

---

[149] Ein Stück des Originalfußbodens befindet sich im Durchgang des Ostturmes zur Empore.

[150] Die Restaurierung der Chorfenster lag in den Händen von Jochen Gutjahr, Leiter der Glasrestaurierungswerkstatt des damaligen Instituts für Denkmalpflege, Arbeitsstelle Dresden.

[151] Diese Entwürfe befinden sich im Landesarchiv Berlin, Mappe Friedrich-Werdersche Kirche.

Abb. 94 Ornamentscheibe mit Arabesken, Scheibe kurz nach der Bergung, 1982

Abb. 95 Ornamentscheibe mit Draperie, oberer Teil, Scheibe kurz nach der Bergung, 1982

Bei diesen Entwurfsblättern ist darauf zu achten, daß es sich bei den in Schwarz gehaltenen pflanzlichen und ornamentalen Motiven teilweise um oxydiertes Deckweiß handelt. Diese sind also als durchsichtig zu interpretieren, und die Umsetzung ist nur mit ausgeschliffenem bzw. ausgeätztem Überfangglas möglich, wie es die Chorfensterscheiben angeben. Demgegenüber stand zuerst die Erkenntnis, die Ornamentik mit Schwarzlot auf das Farbglas zu malen.

Es konnte mit den drei erhaltenen Entwürfen der Langhausfenster und dem Entwurf des Südfensters gearbeitet werden[152] (Abb. 98, 99, 100). Die gegenüberliegenden Langhausfenster waren jeweils gleich gestaltet. Für die fehlenden Entwürfe des zweiten und vierten Fensters wiederholt sich hier das Maßwerk von Fenster drei (Abb. 101), und das Stabwerk erhielt einen rot-grauen Begleitstreifen. Das erschien uns im Zusammenhang der ablesbaren Entwurfsidee, die eine Steigerung in der Farbigkeit und den Formen der Begleitstreifen zum fünften Langhausfenster, als Überleitung zum Chor, ausdrückte, als erkennbare, nicht störende »Zutat« gerechtfertigt.

Die farbigen Scheiben nahm das unter Punkt 6.3. beschriebene Rahmensystem auf. Die Orginalscheiben wurden, extra mit kleinem Abstand oben und unten frei und somit luftumspült, in Kupferrahmen vor das Rahmensystem zwischen die Pfosten gesetzt.

Mit der Beendigung der inneren Rekonstruktion der Friedrich-Werderschen Kirche konnte

---

[152] Da diese Blätter im Landesarchiv Berlin (West) für uns nicht zugänglich waren, erhielt ein Restaurator den Auftrag, die Blätter zu kopieren; nach diesen wurde dann gearbeitet.

Abb. 96 Ornamentscheibe mit Draperie,
unterer Teil, Scheibe kurz nach der Bergung, 1982

der einzige, in Berlin erhaltene Schinkelsche sakrale Innenraum zurückgewonnen werden. Da die sehr klein gewordene Gemeinde die Kirche als solche nicht mehr benötigte, bestimmten im wesentlichen zwei Aspekte die heutige Nutzung. Es steht eine große Halle mit wenig Nebenflächen zur Verfügung, und diese Raumstruktur galt es zu erhalten und erlebbar zu machen.

Die Kirche wird heute als Ausstellungshalle für Plastiken des 19. Jahrhunderts genutzt. Die dazu entworfene Beleuchtungskonzeption sieht für die Einzelobjekte Punktstrahler vor. Den Gesamtraum belichten zwei sachlich streng moderne Leuchter[153] (Abb. 102).

---

[153] Diese Leuchter entstanden nach meinem Entwurf in enger Zusammenarbeit mit Oberkonservator R. Graefrath. Die Ausführung wurde aufgrund wirtschaftlicher Mängel nicht entsprechend dem Entwurf vorgenommen; vielmehr wurden die Materialien mit ihren vorgegebenen Profilen wesentlich verändert.

Abb. 97 Siehe Farbtafel VII am Schluß des Buches

Abb. 98 Siehe Farbtafel VIII am Schluß des Buches

Abb. 99 Siehe Farbtafel IX am Schluß des Buches

Abb. 100 Siehe Farbtafel X am Schluß des Buches

Abb. 101 Siehe Farbtafel XI am Schluß des Buches

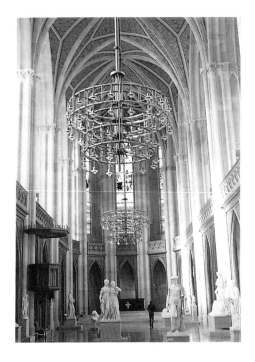

Abb. 102 Siehe Farbtafel XII am Schluß des Buches

7. Kapitel:
SCHINKELS PRINZIPIEN IM UMGANG MIT BACKSTEIN

7.1. ANALYSE DER FASSADENGLIEDERUNG

Die Restaurierungsarbeiten an den Fassaden der Friedrich-Werderschen Kirche schufen die Möglichkeit, näher in die technischen Details einzudringen, Konstruktionen zu ergründen und bestimmte allgemeingültige Gesetzmäßigkeiten, die immer wieder bei Schinkels Backsteinbauten auftreten, zu analysieren.

● **Fenster**
Den Bau der Friedrich-Werderschen Kirche gestalten vier verschiedene Fenstertypen: (Abb. 103, 104, 105)

Abb. 103 Das Südfenster nach Fertigstellung der Steinarbeiten, Foto 1986

Abb. 104 Das rekonstruierte Langhausfenster, Foto 1987

Abb. 105 Das restaurierte Chorfenster, Foto 1987

1. Die Langhausfenster

2. Die Chorfenster

3. Das Südfenster

4. Die Turmfenster (Spitzbogenfenster, Drillingsfenster)

Jeder Fenstertyp wurde aus einem eigenen nur für ihn entworfenen Formsteinprogramm gefertigt. Sie sind alle (bis auf die Turmfenster) nach dem gleichen Konstruktionsprinzip ausgeführt. Die Mittelpfosten bestehen aus einem Steintyp, 25 cm hoch, dessen Anschlußstellen mit einem mittig angeordneten Loch versehen und durch Holzdübel miteinander verbunden waren. Die nach außen liegende Ansichtsfläche des Steines ist um 2 cm breiter gegenüber der inneren und schafft so einen Fensteranschlag von 1 cm auf jeder Seite. In jeder fünften Steinschicht liegt ein flaches Windeisen, das dem Stabwerk horizontal Steifigkeit verleiht. Beim Maßwerk wiederholt sich dieses Prinzip. Die Steine sind durch einen Holzdübel und eine Mörtelfuge verbunden. Bei der Restaurierung ersetzten in auszuwechselnden Steinen Bewehrungsstähle die Holzverbindungen.

Obwohl alle Fenster durch die gleichen geometrischen Figuren wie großer Spitzbogen, Dreipaß und Fünfpaß gestaltet sind, verwendete Schinkel jeweils andersformatige Steine und gibt dadurch jedem Fenstertyp seine eigenen Proportionen, die der spezifischen Gestalt der Höhe und Breite und dem Verhältnis von Stab- und Maßwerk entsprechen. Er nimmt das aufwendigere Formsteinprogramm dafür in Kauf, um jedem Fenster, je nach Lage im Gebäude, eigenen Charakter zu verleihen. Die Langhaus- und das Südfenster rahmt eine große, spitzbogige Pfostenkonstruktion aus Halbrundsteinen, die zwei aus der Leibung und dem Mittelpfosten entstandene Spitzbögen füllen. Die Restfläche bis zur Spitze gestaltet ein Kreis, der aus den Archivolten, der Leibung und den Spitzbögen erwächst. Die statische Aufgabe, das Aufnehmen von Windlasten und das Tragen der Glasfenster, löste diese Konstruktion durch horizontal angeordnete Windeisen sowie durch die Verwendung von hochwertigem Mörtel und Eichenholzdübeln zur Formsteinverbindung. Dabei ist der ca. 1 cm breite, innere Anschlag schon durch die Formsteinbreite bestimmt. Da die schmalen, tiefen Pfostensteine in einem Stück hergestellt waren, läßt sich dieser Anschlag durch die Ausführung nicht verändern. Die schmalen Steine im Stabwerkbereich, in der Höhe der Spitzbögen, füllen die Rahmenkonstruktionen mit geometrischen Figuren, die sich aus einzelnen, nur für diesen Teil bestimmten Formsteinen zusammenfügen.

Der Mörtel ist an den Stellen des Aneinanderstoßens der geometrischen Formen, wie z. B. Fünfpaß und Kreis, fast fugenlos angewendet, während die Formsteine der einzelnen Maßwerke in sich ein normales Fugenbild von 1 cm Breite bilden. Alle Fenster sind in der Höhe des Stabwerkes von einer den Mauerwerkverband aufnehmenden, profilierten Leibung gerahmt (Abb. 106), jedoch im Maßwerkbereich von größerformatigen Formsteinen, aus einem Formsteinprogramm.

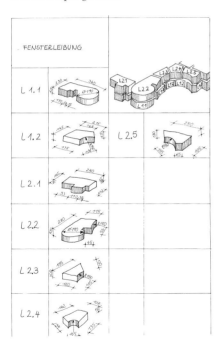

Abb. 106 Die Fensterleibung, Steinkatalog, Zeichnung M. Abri

○ **Langhausfenster**

Das Stabwerk des Langhausfensters ist vierachsig, mit einem Mittelpfosten und je einem Zwischenpfosten auf jeder Seite gestaltet. Aus dem kräftigen Rundstab des Mittelpfostens und der von Archivolten gefaßten Leibung entwickelt sich das Rahmensystem des Maßwerkes: zwei Spitzbögen, die einen Kreis mit einem Fünfpaß tragen. Die Fläche unter den zwei

Spitzbögen füllt je ein Dreipaß mit zwei Spitzbögen, die aus der Verlängerung des Mittelpfostens, des Zwischenpfostens und der Leibung entstehen. Dabei sind alle geometrischen Formen aus einzelnen Steinen entstanden, d.h. sie greifen nicht auf das Rahmensystem über. Der Vorteil der Einzelformsteine eines jeden geometrischen Elementes liegt darin, daß die Elemente unabhängig voneinander gemauert werden können und somit Maß- und Brennungenauigkeiten sich besser ausgleichen. Typisch für die Langhausfenster ist die sonst nicht mehr auftretende Verzapfung der vier kleinen Spitzbögen mit den zwei Dreipässen. Das hat die Schwierigkeit des genauen Einpassens. Darauf verzichtete Schinkel bei allen übrigen Fenstern.

Es wird nicht wie beim Südfenster und bei den Chorfenstern ein Aneinanderfügen von geometrischen Formen erreicht, sondern ein Ineinanderwachsen; denn die Spitzen der Bögen sind durch Zapfen in der vollen Tiefe des Steines mit dem Dreipaß verbunden. Schinkel setzte an diese Stelle eine Fuge, so daß bei Maßungenauigkeit eine Anpassung möglich war. Dieses Element ist für das 19. Jahrhundert typisch. Die von Schinkel im Süd- und im Langhausfenster angewendeten großen Stützrahmenkonstruktionen, die dann schmale, zarte Stab- und Maßwerksteine füllen, treten in der Gotik selten auf. Das mittlere Chorfenster der Prenzlauer Marienkirche ist nach diesem Prinzip ausgeführt[154].

○ **Chorfenster**

Die Chorfenster sind zweiachsig, und den Übergang vom Stabwerk zum Maßwerk bilden zwei weitere Felder (aus je fünf Stabwerksteinen gebildet), im Gegensatz zu den Langhausfenstern.

Das Stabwerk endet in zwei Dreipaßbögen, die einen Kreis, gefüllt mit einem Dreipaß, tragen. Die Pfostensteine sind schmaler als die des Langhausfensters, auch fehlt der kräftige Rundstab, der den Mittelpfosten betont. Hier sind die einzelnen Elemente des Maßwerkes, die beiden Dreipaßbögen und der Kreis, nicht durch gemeinsame Formsteine miteinander verbunden, sondern jedes Element ist für sich aufgemauert. Nur der Dreipaß, der sich aus dem Kreis entwickelt, bildet mit diesem gemeinsame, übergreifende Formsteine. Wegen seiner extrem langgestreckten Form wurde das Chorfenster, vom Gestaltungssystem her, als ein großer Spitzbogen, von Halbrundsteinen gerahmt, aufgefaßt. Alle Steine des Stab- und Maßwerkes sind gleichwertig, wie es bei mittelalterlichen Backsteinfenstern üblich war.

○ **Südfenster**

Das Südfenster ist sechsachsig angelegt. Das Stabwerk teilt in der Mitte ein horizontaler Kämpfer, von je drei Spitzbögen getragen, die sich aus der Leibung, dem Mittelpfosten und den je zwei Zwischenpfosten entwickeln. Darüber setzt sich das Stabwerk mit je drei Spitzbögen, die in einem Dreipaß enden, fort. Aus der Leibung und dem Mittelpfosten mit seinem kräftig vorgelagerten Rundstab entsteht das große Rahmensystem im Querschnitt des Mittelpfostens. Zwei Spitzbögen des großen Rahmensystems über den Dreipässen tragen einen Kreis, in dem ein Fünfpaß im Steinformat der Zwischenpfosten sitzt.

○ **Turmfenster**

Die unterschiedlich hohen, spitzbogigen Turmfenster in den drei unteren Geschossen rahmt eine einfach profilierte Leibung, die aus einem Formsteinprogramm eigens für die Turmfenster

---

[154] Ernst Badstübner, »Stadtkirchen der Mark Brandenburg«, Berlin 1982, S. 120

gebildet wird. Die dreipaßbogigen Drillingsfenster der beiden oberen Geschosse der frei sich gegen den Himmel erhebenden Türme gestaltet ein nur für sie entwickeltes Formsteinprogramm.

● Gesimse

Gestalterisch besonders zu betonende Gesimse – wie das Traufgesims und das Sohlbankgesims – bestehen aus einem nur für sie hergestellten Formsteinprogramm. Andere Gesimse wie das Kaffgesims, das Fenstergesims und die Turmgesimse entwickeln sich aus einer Formsteinserie. Das gestalterisch bedeutsame Traufgesims bilden Sonderelemente im Großformat, wobei auch hier der Konsolstein des Fenstergesimses Verwendung findet. Das Fenstergesims tritt, mit Formsteinen ergänzt, als Sohlbank auf. Es wird weiter zur Gliederung der Türme, als Traufgesims der Türme und als Kaffgesims der Strebepfeiler, verwendet. Hier konzipierte Schinkel einen Gesimstyp für drei verschiedene Gesimse. Er variierte den Vorsprung der Gesimse durch Abdecksteine, wie bei der Traufe der Türme oder durch den Einsatz von Zierfriesen aus Sonderformaten. Es setzt sich das Sparsamkeitsprinzip durch, mit dem gleichen Formsteinprogramm mehrere Elemente zu gestalten und Varianten durch zusätzliche Sonderformate zu erzeugen.

Durch die Wiederholung einer Steinserie für mehrere Gesimse in kleinen, handlichen Formaten gelingt es Schinkel, den größten Teil seiner Gesimse zu gestalten. Durch Sonderformate, wie das Hinzusetzen der Akanthusblätter am Traufgesims und des Spitzbogenfrieses am Turmgesims, erreicht er eine Betonung dieser Gesimse, ohne eine neue Formsteinserie zu benötigen. Für bedeutsame Gesimse bricht er dieses Prinzip und entwickelt zu ihrer Gestaltung eigene, nur für dieses Element bestimmte Formsteine.

○ Traufgesims

Das Traufgesims (Abb. 107) setzt sich aus einem großen Abdeckstein DG 1, einem Anschlußstein DG 2, einem 2teiligen Akanthusblatt DG 3 und einem Konsolstein FeG 5.1., auf dem das Akanthusblatt steht, zusammen. Der Abdeckstein, der Anschlußstein und das Akanthusblatt sind in ihrer Höhe und Breite ein Sonderformat und gliedern sich nicht in den Verband ein, während der Konsolstein, ein Formstein mit Tropfkante, der sich in seinen Grundmaßen nicht vom Normalformat unterscheidet, den Übergang zum einfachen Mauerwerk herstellt. Er wird auch bei dem Fenstergesims, dem Kaffgesims und den Turmgesimsen verwendet. Das Traufgesims bildet den Abschluß der Fassade und spannt sich zwischen den flach herausgestellten Strebepfeilern; somit wird kein Eckelement als Sonderformat notwendig.

○ Fenstergesims

Das Fenstergesims (Abb. 108) setzt sich aus drei verschiedenen Formsteinen zusammen, dem Gesimsstein FeG 3.1, dem Anschlußstein FeG 4.1 und dem Konsolstein FeG 5.1. Wenn es sich in die Fensterleibung hineinzieht, erhält es über dem Gesimsstein noch zwei Formsteine dazu, FeG 2 und FeG 1. Damit ist die Sohlbank schräg ausgebildet und bringt bautechnisch den großen Vorteil, daß das Wasser abfließen kann. Das Fenstergesims umfaßt das gesamte Bauwerk und umschließt die Strebepfeiler, so daß Innen- und Außenecken entstehen. Während die Innenecken auf Gehrung zugeschnitten wurden, bestehen die Außenecken aus Sonderformaten. Diese ragen aus dem Mauerwerk hervor und sind der Witterung stärker ausgesetzt als die Innenecken, darum verzichtete Schinkel hier auf einen Zuschnitt und schuf ein weiteres Sonderelement!

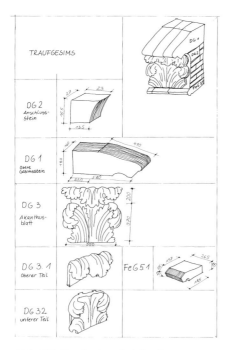

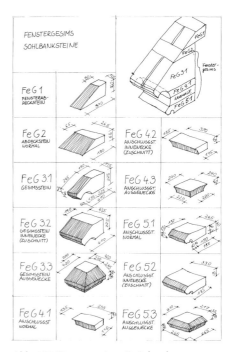

Abb. 107 Traufgesims, Steinkatalog,
Zeichnung M. Abri

Abb. 108 Fenstergesims, Steinkatalog,
Zeichnung M. Abri

○ **Kaffgesims**

Das Kaffgesims der Strebepfeiler, in der Höhe des Maßwerkansatzes der Fenster angeordnet, besteht aus den gleichen Formsteinen wie die Fenstergesimse und ist über die ganze Breite des Strebepfeilers gemauert. Danach verjüngt sich der Pfeiler nach oben, von einem Dreipaßbogen geziert.

○ **Turmgesims**

Die Turmgesimse setzen sich aus den Formsteinen des Fenstergesimses zusammen (Abb. 109). Die Türme sind horizontal durch fünf aus dem gleichen Formsteinprogramm gebildete Gesimse und unten durch das umlaufende Sockelgesims gegliedert. Das Traufgesims baut sich aus dem Turmgesims mit Hinzufügung des Abdecksteines FeG 2 auf.

Im zweiten und dritten Turmgeschoß ziert das Gesims ein Dreipaßbogenfries, der unter dem letzten Gesimsstein liegt. Durch Hinzunahme eines zusätzlichen Abdecksteines wird die Verschmälerung des Turmes um eine Steinlänge pro Geschoß erreicht.

○ **Sockelgesims**

Das Sockelgesims (Abb. 110) befindet sich unmittelbar (ca. 1,00 m) über der Erde und bildet die Plinthe des Bauwerkes. Es besteht aus drei verschiedenen Formsteinen, dem Abdeckstein SG 1, dem Gesimsstein SG 2 und der Abdeckplatte SG 3. Auch dieses Gesims umschließt das Bauwerk horizontal und umfaßt die Strebepfeiler mit. Darum wird auch hier das Sonderelement der Innen- und Außenecken benötigt. Da das Gesims zum Anfassen nahe liegt, bildet hier die Innenecke auch ein Sonderelement, ebenso die Außenecke. Dieses Gesims wird an keiner

Abb. 109
Turmgesims mit
Spitzbogenfries,
Foto 1984

anderen Stelle der Fassade wiederholt und bleibt, als Spezialität des Sicht- und Berührungsbe-
reichs, einzig.

● Fialen

Erst nach seiner Englandreise setzte sich Schinkel für die Ausführung der Fialen ein. Aus
Gründen der Kosten- und Zeiteinsparung kam es zu dem Kompromiß, die Türmchen nicht aus
Formsteinen, sondern aus behauenen Ziegeln entstehen zu lassen, und als guter Bautechniker
wußte Schinkel, welche Auswirkungen diese Maßnahme auf die Haltbarkeit der Fialen haben
würde. Ihm war das Gestaltungselement vorerst wichtiger. Die Fialen des Schiffes erheben sich
über den Gesimsen der Strebepfeiler. Das Gesims bilden Sonderlemente, die sich sonst nicht
am Bau finden lassen. Die Ecksteine sind nicht zugeschnitten, sondern aus einem Eckelement
entstanden. Die Fialkörper werden an drei Seiten von je einem rechteckig gerahmten Dreipaßbogen geziert. Die Rückseite, dem Betrachter nie sichtbar, ist glatt ausgebildet (Abb. 111).

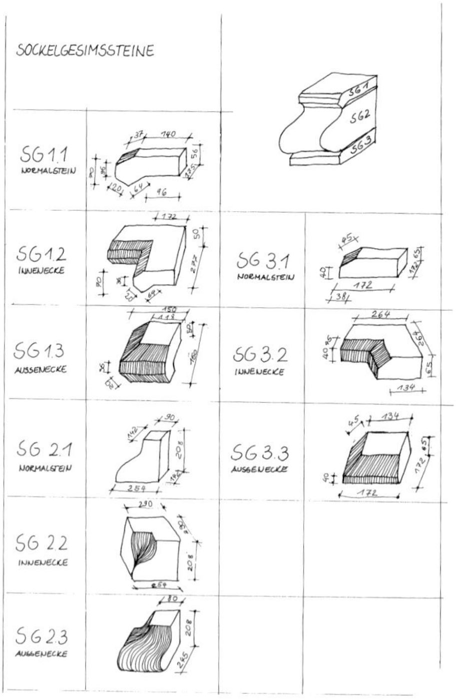

Abb. 110 Sockelgesims, Steinkatalog,
Zeichnung M. Abri

Die Fialen des Turmes besitzen eine vereinfachtere Form in der Spiegelbildung des Fialkörpers, als die tiefer sitzenden Fialen des Schiffes (Abb. 112).

So hat jeder Fialtyp entsprechend der Stellung am Bau seine Gestalt bekommen. Jeder Fialtyp besteht aus bestimmten, leicht abgewandelten Elementen und besitzt seine gesonderte Formensprache.

● Doppelportal

Ein wesentliches Schmuckelement, das durch seine Proportionen und das Material wirkt – das Portal. Schinkel entwarf zwei Portale, das an dem Platz gelegene Südportal und das östliche Seitenportal. Die beiden architektonisch besonders aufwendig gestalteten Doppelportale mit Säulen und Spitzbogen bilden den Schmuck der Kirche. Da die Kapitelle in verschiedenen Positionen auftreten, d. h. an den Ecken ist nicht soviel Ansichtsfläche notwendig wie bei der mittleren Halbsäule, wurde das Kapitell aus einer runden Form hergestellt (Abb. 113).

So war es möglich, je nach Bedarf genügend Sichtfläche zu zeigen. An beiden Doppelportalen tritt das Kapitell 14 mal auf. Die Fünfpässe, die die Fläche unter den Spitzbögen öffnen, bestehen aus Sonderformaten und beziehen sich in den Steinausmaßen und Profilen nicht auf das Süd-, Langhaus- oder Chorfenster. Sie sind, ebenso wie die Säulen, Basen und Kapitelle, absolute Sonderformate, die an den Portalen Verwendung finden. Beide Portale sind gleich ausgeführt, nur fügte Schinkel dem besonders zu betonenden Südportal drei Sonderelemente hinzu, die beiden Engel in dem rechten und linken Zwickel der Portalumrahmung und den sich mittig über einem postamentartigen Kapitell erhebenden Erzengel Michael. Trotz des Anliegens, zwei Portale mit unterschiedlicher Wertigkeit zu gestalten, verwendete Schinkel das

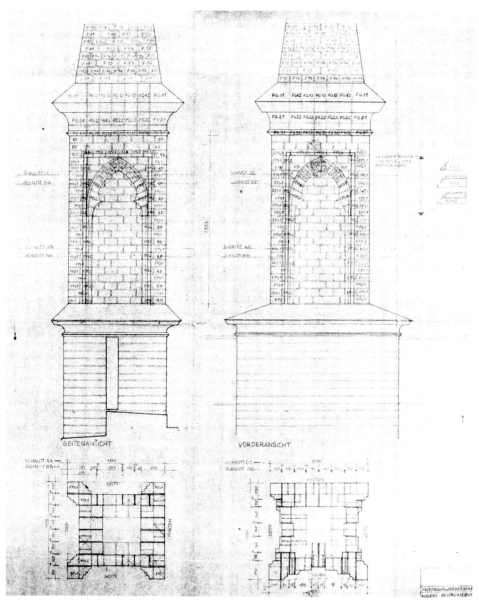

Abb. 111 Fiale des Schiffes, Zeichnung M. Abri

gleiche Formsteinprogramm, um eine Effektivität zu erzielen. Auch daß die zur Verfügung stehende Fläche des Ostportals schmaler ist, veranlaßte Schinkel nicht, eine besondere Formsteinkonzeption zu entwickeln, vielmehr wurden die Steine des Südportals beschnitten und passend gemacht (Abb. 114). Nur durch den Zusatz einiger besonders geformter Terrakotten verleiht er dem Südportal eine herausragende Wirkung (Abb. 115).

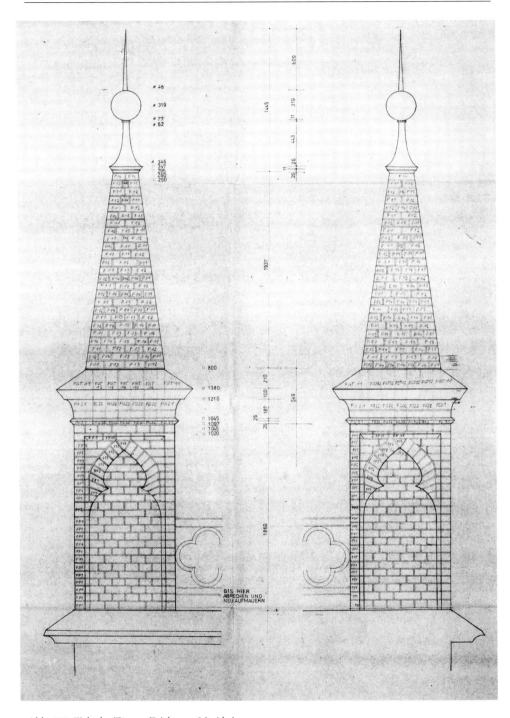

Abb. 112 Fiale der Türme, Zeichnung M. Abri

Abb. 113 Kapitelle des Südportals, Foto 1988

Schinkel beschränkte sich auf ein Formsteinprogramm und bediente sich einiger Sonderelemente, um eine unterschiedliche Wertigkeit zu erreichen.

● **Vierpaßgeländer**

Das Vierpaßgeländer, das sich über dem Traufgesims erhebt, spannt sich zwischen den Fialen auf dem Schiff und zwischen den Turmfialen (Abb. 116). Es ist ein wichtiges Gestaltungselement, das frei gegen den Himmel steht und auch das Zwischenturmdach und die Attikawand nach oben abschließt. Die Vierpässe sind der Witterung besonders ausgesetzt, darum entschloß sich Schinkel, das Vierpaßgeländer in Gußeisen zu fertigen und dann backsteinimitierend mit Fugenstrich zu bemalen[155].

---

[155] Carl Daniel Freydanck, Gemälde, Blick auf die Friedrich-Werdersche Kirche von Süden, KPM-Archiv – Staatliche Schlösser und Gärten, Schloß Charlottenburg, abgebildet in Ausstellungskatalog Carl Daniel Freydanck, Berlin 1987, S. 80

Abb. 114 Ansicht des Ostportals, Foto 1987

Abb. 115 Westlicher Terrakotta-Engel am Portal, Detail, Foto 1983

● Mauerwerk

Das ziegelsichtige Mauerwerk der Kirche ist im Kreuzverband gemauert. Die Formsteine der Gesimse und der Fensterleibungen im Bereich des Stabwerkes nehmen in ihren Grundmaßen den Verband auf. Besonders gestaltete Architekturglieder, wie die Portale, das Traufgesims und der Spitzbogen der Fensterleibungen, fügen sich nicht in den Verband ein und stehen als Sonderelemente. Die Fuge des Mauerwerks bildet im Sichtbereich (bis zum Fenstergesims) ein Halbrundstab. Die Ansätze des Halbrundstabes entstehen durch Druck des Fugeneisens in die Fuge, so daß der höchste Punkt des Konvexbogens nicht vor das Mauerwerk tritt und ein bautechnisches Problem entsteht (Abb. 117).

7.2. Sieben Grundsätze und Regeln bei der Anwendung von Backstein

I. Die Entwicklung eines sparsamen Formsteinprogrammes

Es war Schinkels Bestreben, das Formsteinprogramm für einen Backsteinbau so gering wie möglich zu halten und dabei durch Variation von verschiedenen Formsteinen neue Details hervorzubringen, die den Bau bereichern (Abb. 118).

Abb. 116 Blick auf die gußeiserne Vierpaßbalustrade, Foto 1984

Das hat einmal den Vorteil, daß die Kosten sich verringern, und zum anderen erlangen die Maurer eine bestimmte Fertigkeit bei der Arbeit, weil sie die gleichen Formziegel immer wieder vermauern. Dieser Gesichtspunkt war in dieser Zeit besonders wichtig, da die saubere Herstellung von Sichtmauerwerk eine ungewohnte Arbeit für die Maurer darstellte.

II. Besonders zu betonende Bauglieder, die aus einem einheitlichen Formsteinprogramm gebildet werden, erhielten Sonderelemente

Dieses Prinzip läßt sich an den Turmgesimsen, die sich aus dem Formsteinprogramm des Fenstergesimses entwickeln, ablesen. Hier wird als Sonderelement der Spitzbogenfries hinzugefügt. Aber auch die aus einer Formsteinabfolge entstandenen Portale unterscheiden sich durch Hinzufügung von Sonderelementen, etwa figürlichem Schmuck, in ihrer Wertigkeit.

III. Zur Heraushebung architektonischer Gliederungselemente wird ein eigens für sie bestimmtes Formsteinprogramm entwickelt

Bei der Aufmauerung des Traufgesimses, des Sockelgesimses und der Portale verwirklicht sich dieser Leitsatz. Für diese Elemente kam ein besonderes, nur für sie bestimmtes Formsteinprogramm zum Einsatz. Ebenso hat sich bei den Fenstern ein einheitliches Konstruktionsprinzip gezeigt, jedoch besteht jeder Fenstertyp aus einem ihm entsprechenden Formsteinprogramm.

Abb. 117 Das alt- und neuverfugte Mauerwerk mit Halbrundstabfuge, Foto 1987

IV. Die Verwendung von Ersatzmaterial

Bei statisch besonders belasteten oder witterungsabhängigen Elementen wurde mit Ersatzmaterial gearbeitet. Da der Ton nur bis zu einem gewissen Grade belastbar ist, z.B. bei Konsolen, Stützen usw., ersetzen ihn oft andere Materialien mit den entsprechenden Eigenschaften, wie z.B. Eisen. Die Witterungseinflüsse auf das Backsteinmaterial sind gerade zu Beginn der Entwicklung des neuen ziegelsichtigen Bauens aufgrund der nicht ausgereiften Materialqualität problematisch; deshalb wählte Schinkel für das Vierpaßgeländer Eisengußelemente und ließ diese ziegelimitierend bemalen.

V. Die Bedeutung des Verbandes für die Gestalt der Mauerflächen

Schinkel bevorzugte bei seinen Backsteinbauten den Kreuzverband, d.h. es wechseln regelmäßig eine Kopf- und eine Läuferschicht ab. In diesem Verband sind auch die Strebepfeiler gemauert. Das so entstandene regelmäßige Fugennetz nehmen zum Teil Formsteine durch ihre Gliederung auf (z.B. an der Fensterleibung im Bereich des Stabwerkes). Bei besonders zu betonenden Architekturgliedern durchbricht Schinkel in seinem Entwurf die Regelmäßigkeit der Fuge und verwendet Sonderelemente. Bei dem Spitzbogenfries unter zwei Turmgesimsen bilden die Bögen Formsteine, die sich in ihrer Lage auf den Radius des Bogens beziehen. Die Steine stimmen in den Grundabmessungen mit dem Normalformat überein. Nur die Spitze ist ein Sonderelement und nicht durch Fugen gegliedert. Dadurch hebt sich der Spitzbogenfries von seinem Grund, dem regelmäßig gefugten Mauerwerk, ab. Bei den Fensterleibungen aller Fenster sind die Leibungen der Stabwerke in dem Verband des Mauerwerkes gemauert,

Abb. 118 Die fertiggestellte Friedrich-Werdersche Kirche, Foto 1988

während die Leibungssteine der Maßwerke in einem großen Format ausgeführt wurden. Hier arbeitete Schinkel mit den verschiedenformatigen Steinen als Gestaltungsmittel, um die Erscheinung der Fenster nach oben hin zu steigern, was sich auch in der Farbabstufung der Langhausfensterverglasung widerspiegelt.

VI. Die Gestalt der Fuge und ihre ästhetische Bedeutung

Wichtig ist bei dem Fugennetz, das das Mauerwerk überzieht, auch die Gestalt und Ausführung der Fuge. Schinkel wählte im Sichtbereich, d. h. vom Sockel bis zum Fensterge-sims, eine Rundstabfuge, mit einem eigens dafür angefertigten Fugeneisen hergestellt. Dabei ziehen sich die Lagerfugen durch, und die Stoßfugen führen an diese heran. Die Mauerflächen des oberen Bereiches sind glatt mit dem Mauerwerk bündig, mit einem Fugenholz verfugt.

VII. Die Bedeutung der technischen Details zur Erhaltung des Backsteines

Zur Erhaltung der Terrakotten trägt auch ihre richtige Befestigung bei. Es kommt den Blechabdeckungen von Gesimsen eine große Bedeutung für deren Erhaltung zu. Das Abdek-ken des Traufgesimses mit Blech z. B. war eine wichtige Schutzmaßnahme. Beim Traufgesims des Schiffes und der Türme wurde das Zinkblech von der innenliegenden Regenrinne heraufgeführt und bis zur Tropfkante des Steines herumgeführt (vgl. Gemälde von Gaertner). An allen anderen Gesimsen (außer dem Sockelgesims), wie dem Fenstergesims und den Gesimsen der Türme, fand sich auf den Abdecksteinen eine teerähnliche Masse, die zum Schutz des Steines auf deren Draufsicht wohl später aufgebracht worden war. Aber auch für das aus zwei Teilen bestehende Akanthusblatt entwickelte Schinkel ein besonderes Befestigungsdetail, das dieses stark der Witterung ausgesetzte Fassadenelement vor dem Absturz bewahrte.

7.3. Schinkels Prinzipien am Beispiel des Schlossentwurfes für den Fürsten Sayn-Wittgenstein

Die aus dem Bau der Friedrich-Werderschen Kirche abgeleiteten Prinzipien lassen sich bei einem späteren Entwurf aus dem Jahre 1837 für ein Schloß des Fürsten Sayn-Wittgenstein weiterverfolgen. In diesem Entwurf wählte Schinkel, obwohl erhebliche Bedenken hinsichtlich der technischen Möglichkeiten im fernen Litauen bestanden, das Baumaterial Backstein. Eine unverkleidete Backsteinkonstruktion im »Bogenstil« entsprach seiner Ansicht nach am besten dem rauhen Klima.[156] Um Probleme bei der Verarbeitung des Backsteines zu vermeiden, fügte er seinem Entwurf eine ausführliche Beschreibung über die Verwendung des Backsteines bei. Daran lassen sich die Prinzipien, die der Bau der Friedrich-Werderschen Kirche aufzeigte, auch bei diesem Entwurf nachweisen.

Ökonomisches Formsteinprogramm

Eine gute Ausführungsqualität, verbunden mit einem äußerst ökonomischen Formsteinprogramm, erhöht die Erhaltung der Gebäude und steigert die gestalterische Wirkung.

»...Hierdurch gewinnt man den Vortheil: daß die Gattungen des künstlichen Materials vermindert werden und daß die Arbeiter durch die oft wiederholte Anwendung dasselben Materials, eine schöne Routine gewinnen, die Construction sorgsam und vollkommen auszuführen...«[157]

Schinkel plante für den Bau des Schlosses einen äußerst rationellen Umgang mit dem Baumaterial Backstein. Sein Ziel war es, mit einem relativ geringen Formsteinprogramm dem Schloß einen repräsentativen Charakter zu geben. Für bestimmte Bauelemente sollte sich das Formsteinmaterial wiederholen unnd variiert angewendet werden. Die Fenster des Schlosses fassen Archivolten von Backstein. Aus diesen speziellen Formsteinen sind die Fenster des Mittelflügels gestaltet und in geringer Abwandlung des Materials auch die Fenster der Seitenflügel geplant. So unterscheidet sich die Fenstergestaltung zwischen Mittel- und Seitenflügel. Innerhalb ihrer architektonischen Einheit besitzen sie ein gemeinsames Konstruktionsprinzip.

---

[156] An dieser Stelle möchte ich mich bei Frau Prof. Dr. Kühn bedanken, die mir zu diesem Thema bereits 1988 ihr Manuskript vom Schinkel-Lebenswerk »Ausland« zur Verfügung stellte.
[157] Margarete Kühn, Schinkel-Lebenswerk, »Ausland«, Berlin, München 1989, S. 135

»…Da sich bei einem Bau dieser Art, die verschiedenen Gattungen der Formsteine, auf eine vorher nicht glaubliche Weise vermehren und dadurch nicht allein die Kosten bedeutend erhöht werden, sondern auch die Arbeit viele Schwierigkeiten und große Ausdehnung erhält, so ist bei dem Schlosse darauf Rücksicht genommen, daß dieselben Formsteine, welche bei den Fenstern des einen Geschosses Anwendung finden, für sämmtliche Fenster des Schlosses gebraucht werden können…«[158]

Bei der Friedrich-Werderschen Kirche bestehen die Leibungen der Chor- und Langhausfenster und des Südfensters aus dem gleichen Formsteinmaterial. Eine ihrer unterschiedlichen Bedeutung entsprechende Gestalt erreicht Schinkel mit dem Einsatz verschiedenen starker Stab- und Maßwerksteine.

Kleinteiligkeit des Mauerwerkes und der Formsteine

Bedingt durch die geringen technischen Möglichkeiten im fernen Litauen, ist das Formsteinmaterial des Schlosses besonders kleinteilig, es enspricht in seinen Grundabmessungen dem Normalformat. Dadurch wird ein ungestörtes Fugenbild und ein glattes Mauerwerk erreicht. Die Fensterleibungen des Schlosses gestalten Formsteine in der Größe des übrigen Formates und bilden den Schmuck des Mauerwerks.

»…An den Fensterkanten wird eine Gliederung erzeugt durch Backsteine von der Größe der übrigen, aber eigens dazu mit der Gliederung geformt und eben so sind die Hauptfensterstäbe und die kreisförmigen Ausfallungen derselben im oberen Bogen der Fenster durch eigens geformte Steine gebildet. Diese sämmtlichen Formsteine verbinden sich aufs Engste mit dem glatten Mauerwerk, (weil sie gleiche Höhe haben) und bilden den Schmuck dieser Architektur…«[159]

Auch bei den Formsteinen der Fensterleibungen des Stabwerkbereichs in der Friedrich-Werderschen Kirche ist dieses Prinzip erkennbar. Die Sonderformen gehen in das Mauerwerk über und nehmen den Verband auf (Abb. 119).

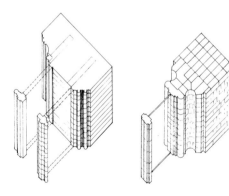

Abb. 119 Isometrie der Fensterleibungen des Schlosses für den Fürsten Sayn-Wittgenstein und der Friedrich-Werderschen Kirche, Zeichnung M. Abri, nach einer Zeichnung Schinkels, Längsschnitt und Details des Schlosses, 1837

Bedeutung der Fuge

Bei den großen Backsteinflächen, die es zu gestalten gilt, kommt der Fuge und dem

[158] M. Kühn, 1989, S. 135
[159] M. Kühn, 1989, S. 135

Fugenmaterial eine besondere Bedeutung zu. Sie umschließt die Backsteine, überzieht die Fassaden wie ein Netz und faßt sie zusammen. Die Führung der Fugen, das Fugenmaterial und die Herstellung einer Rundstabfuge sind in Schinkels Ausführungen beschrieben. So ist eine Fuge ein wichtiges Element bei der Gestaltung und Erhaltung der Backsteinbauten.

»...Die Fugen werden mit vorzüglich gut bearbeitetem Kalkmörtel, welcher recht frisch verbraucht wird, ausgestrichen und mit eigens dazu geformten Eisen geglättet, so, daß sie durch die Form des Eisens, die Gestalt eines flachen Rundstabes erhalten...«[160]

Die Rundstab- oder Wulstfuge findet sich auch an der Friedrich-Werderschen Kirche. Das gesamte Mauerwerk im Sichtbereich (vom Sockel bis zum Fenstergesims) ist in dieser aufwendigen Weise verfugt (Abb. 120).

Abb. 120 Darstellung der Halbrundstabfuge im Schnitt, entnommen der Beschreibung zum Entwurf eines Schlosses für den Fürsten Sayn-Wittgenstein, 1837

Betonung von Architekturelementen durch den Einsatz von Imitaten

Zur Betonung von gestalterisch wichtigen Baugruppen und Bauelementen löst sich das einheitliche Fugenbild zugunsten größerformatiger, komplizierterer Formsteine. Sie befinden sich an exponierten Stellen und sind oft stärker der Witterung ausgesetzt oder müssen höheren statischen Ansprüchen genügen. Die Herstellung dieser Bauglieder in Ton ist besonders schwierig. Aus diesem Grund werden Imitate aus Gußeisen mit einem Backstein vortäuschenden Anstrich eingesetzt. Als oberen Abschluß der Fassade des Schlosses sah Schinkel ein kräftiges Kranzgesims vor. Es sollte als Gegengewicht zu den aufwärtsstrebenden Rundbogenfenstern und Pfeilern stark ausgebildet und weit vorgelagert sein. Das Gaison tragen gußeiserne Konsolen, die durch einen ziegelfarbigen Anstrich die Wirkung von Terrakotta erreichen sollten (Abb. 121).

»...Außer diesem architectonischen Schmuck, der ganz aus der Construktion hervorgeht, ist dem Schlosse ein Hauptgesims gegeben, welches auf Consolen von Gußeisen ruht, wovon die Form und Construction auf dem Blatte... detailliert angegeben ist. Die Consolen erhalten durch Ölfarbe den Ton des Backsteines...«[161]

Das umlaufende Vierpaßgeländer auf dem Kirchenschiff und den Türmen der Friedrich-Werderschen Kirche bestand aus Gußeisen und trägt einen backsteinimitierenden Anstrich.

Polychromie der Backsteinfassaden

Bei allen Rohziegelbauten Schinkels zeigt sich das Bemühen, mit besonders einfachen

---

[160] M. Kühn, 1989, S. 135
[161] M. Kühn, 1989, S. 135

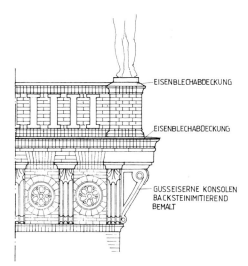

EISENBLECHABDECKUNG

EISENBLECHABDECKUNG

GUSSEISERNE KONSOLEN
BACKSTEINIMITIEREND
BEMALT

Abb. 121 Darstellung des Kranzgesimses
des Schlosses für den Fürsten Sayn-Wittgenstein,
Zeichnung M. Abri, nach einer Zeichnung Schinkels
mit Ansicht, Längsschnitt und Details
des Schlosses, 1837

Mitteln eine repräsentative, polychrome Fassadengestaltung zu erreichen. Neben der Verwendung von Terrakottaelementen und Formsteinmaterialien bereichern glasierte Ziegelstreifen die Gestaltungsformen. Ein andersfarbiger, horizontaler Backsteinstreifen sollte die Fassaden der Nebengebäude des Schlosses gliedern. Diese Bänder sind in einem regelmäßigen Abstand in das Mauerwerk eingebracht (jede 5. Schicht) und überziehen die gesamten Backsteinflächen.

»...Auch bei diesen Nebengebäuden ist darauf gerechnet, daß sämmtliche massive Mauern in unabgeputzten Backstein ausgeführt werden, wobei man die Fläche dadurch verzieren kann, daß allemal um die fünfte Schicht der Backsteine, eine besonders gebrannte, von etwas dunklerer Farbe eingelegt wird...«[162]

Die Friedrich-Werdersche Kirche besitzt als einer der ersten Backsteinbauten zu Beginn des 19. Jahrhunderts noch keine farbigen Ziegelbänder. Die Maßwerke aller Fenster mit ihren Leibungen sind in einem helleren Ton gefertigt, im Gegensatz zum übrigen Mauerwerk. Ob das eine bewußte, gestalterische Maßnahme zur Heraushebung der Maßwerke war oder eher durch den anderen Ton Feilners entstand, läßt sich bisher nicht verfolgen. Die farbliche Absetzung der Maßwerke trägt zur Lebendigkeit der Fassade bei. Das Mauerwerk der Bauakademie und des Feilner-Hauses gliederten waagerechte Bänder aus glasierten Ziegeln, im gleichen Abstand wie hier angegeben.

Bedeutung der technischen Details für die Gestaltung und Erhaltung des Bauwerkes

Besonders große Aufmerksamkeit gilt der Erhaltung des Backsteins durch Abdeckung von Vorsprüngen und Gesimsen mit Blechen. Auch die richtige Befestigung von Geländern und Balustraden im Steinmaterial trägt zur Erhaltung des Mauerwerkes bei. In der Konzeption zum Schloß im fernen Litauen wird ausführlich das Einmauern einer Vierkant-Schrauben-Mutter bei der Aufmauerung der Gesimse beschrieben. Diese Schraubenmutter sollte die Eisenblechabdeckung halten. Um jeden Ausführungsfehler zu vermeiden, wird auch das Auflöten eines

---

[162] M. Kühn, 1989, S. 137

eisernen Hütchens über den Kopf der Schraubenmutter gefordert und die Führung des Bleches an senkrecht angrenzenden Baugliedern mit festgelegten Maßen eindeutig bestimmt.

»...daß überall, wo irgend ein Dachfall an eine senkrechte Wand stößt, das Blech etwa 3 Zoll an letzterer senkrecht in die Höhe steigen und dann zwei Zoll in eine Steinfuge eintreten muß...«[163]

Das Traufgesims der Friedrich-Werderschen Kirche ist ebenfalls mit Blech (Zink) abgedeckt. Die Endungen des Bleches sind an dem Mauerwerk des unmittelbar angrenzenden Strebepfeilers ca. 20 cm hochgeführt und in dessen Fuge eingebracht.

Die Befestigung des gußeisernen Vierpaßgeländers erfolgte durch Verschraubung der Vierpässe unten und oben mit einer profilierten Schiene. Die Schienen führten ins Mauerwerk der Strebepfeiler und gaben so dem Geländer Halt. Die Vierpässe waren untereinander fest mit Schrauben verbunden.

Ein bereits beschriebenes, wichtiges, technisches Detail ist die Befestigung der Akanthusblätter unter dem Traufgesims. Schon bei der Aufmauerung des Gesimses brachten die Maurer ein mit Gewinde versehenes Mauereisen ein. Es dringt durch mehrere Steinschichten und gibt dem oberen Teil des Blattes, das durch ein Loch auf das Eisen gefädelt ist, einen festen Halt. Die entgültige Sicherung ist durch eine Mutter am Ende des Mauereisens gegeben. Im Stein befindet sich hierfür eine Absenkung, die mit einer Ziegelmehlmischung geschlossen wurde. Den unteren Teil des Akanthusblattes befestigen Holzdübel am Oberteil. Das Blatt steht auf einem kleinen Gesims. Die an der Rückseite befindlichen Tonstege umschließt das Mauerwerk. Dieses Befestigungssystem konnte bei der Restaurierung mit denselben Mauereisen wieder benutzt werden (Abb. 122).

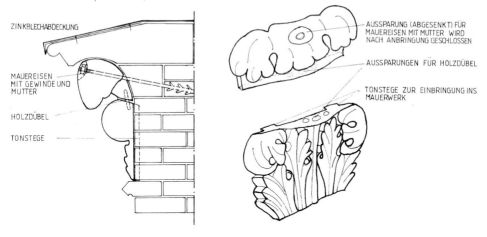

Abb. 122 Die Befestigung des Akanthusblattes unter dem Traufgesims, Zeichnung M. Abri

Mit der Entwicklung bestimmter technischer Möglichkeiten wurden auch die Gestaltungsgrenzen erweitert.

Obwohl die Funktion und Gestalt der behandelten Objekte durchaus verschieden sind,

---

[163] M. Kühn, 1989, S. 136

bedingt der Backstein bestimmte bautechnische Prinzipien zur Erhaltung des Gebäudes. Die charakteristischen Gestaltungsformen prägen wesentliche Grundmerkmale der Backsteinbauten und rufen bestimmte Erscheinungsformen hervor. Mit der Entwicklung der technischen Möglichkeiten wuchsen auch die ästhetischen Ansprüche, und die Arbeit an deren Umsetzung beeinflußte wiederum die technische Entwicklung. Dieser Determinismus ist die Basis für die hier entwickelten technischen und ästhetischen Gestaltungsprinzipien.

7.4. Schinkels Impulse auf die Weiterentwicklung der Backsteinarchitektur

Eisenguß, Zinkguß und Terrakotta als Baumaterialien sind die technischen Voraussetzungen des modernen Bauens. Karl Friedrich Schinkel wirkte in einer Zeit in Preußen, als sich diese Baumaterialien durch die beginnende technische Revolution immer mehr verbesserten und die Industrie das Handwerk verdrängte. Unter dem Einsatz dieser Baustoffe entwickelte sich auch eine neue Ästhetik in der Architektur. Mit der Einführung der Bewertungskategorie der architektonischen Wahrheit und der Materialgerechtigkeit, die Schinkel auf seiner ersten Italienreise an »spätmittelalterlichen, gotischen und sarazenischen« Bauwerken anwendete, setzte er neue Maßstäbe in der Architekturdiskussion wie auch im Verhältnis von Baumaterial und ästhetischen Anschauungen in dieser Zeit.

So vermochte Schinkel in der Friedrich-Werderschen Kirche und in der späteren Bauakademie nicht nur, die aus der Konstruktion und dem Material entstandenen Zweckformen zu vollenden, sondern mit der Rezeption von überkommener Formensprache zu gänzlich neuen ästhetischen Werten vorzudringen.

An dieser Stufe standen neben Schinkel auch andere Architekten, wie z.B. Laves, Weinbrenner und Klenze, die das Gesicht Deutschlands prägten. Gleichzeitig läßt sich bei allen Architekten eine besondere Stilmannigfaltigkeit beobachten, entsprechend der bekannten Frage von Heinrich Hübsch im Jahre 1828: »In welchem Style sollen wir bauen?«

Die Frage wurde dahingehend beantwortet, daß alle Stile möglich seien, und zwar sei der jeweilige Stil Ausdruck der entsprechenden Funktion. Bei Schinkel ist der jeweilige Stil, der den Impuls für seinen Entwurf lieferte, Ausdruck einer bestimmten gesellschaftlichen Entwicklung. So entstanden seine gotisch beeinflußten Entwürfe um die Zeit der Befreiungskriege, der Besinnung auf den gemeinsamen Ursprung aller Deutschen, auf das Patriotische.

Die klassizistische Phase begann mit dem sich politisch emanzipierenden Bürgertum und neuem ästhetischen Rüstzeug für eine anbrechende Epoche.

Ist die Friedrich-Werdersche Kirche nicht eine Metapher für die sich abzeichnende bürgerliche Entwicklung? Schinkels Rückbesinnung auf die deutsche und englische Gotik und die Antike ist in dieser Phase seines architektonischen Schaffens ein Schritt zu einem neuen Baustil. Dabei ergriff er die Gelegenheit, den Stilbezug über die Formen hinaus auf das Baumaterial zu erweitern und baute seine »Gotik« in Backstein. In der Friedrich-Werderschen Kirche zeigt er kahle Konstruktionen mit gewölbetragenden Strebepfeilern und dazwischen gestellten, von Fenstern geöffneten Wänden ohne verunklärenden Zierat. Nur die Konstruktion, das Material und die Proportionen bestimmen den Bau. Er löste eine ungeahnte Entwicklung dieses

Baumaterials aus, das seine Schüler bis zur Perfektion hin für große repräsentative Bauaufgaben einsetzten.

Zunächst jedoch galt Schinkels Augenmerk dem Prozeß der Steinherstellung von Formsteinen und ziegelsichtigem Material, um diese Tradition wiederzubeleben und ihr neue Impulse zu geben. Zum einen wirkte die Technologie auf die Ästhetik der Architektur, zum anderen ging das Technische mit der Kunsttradition eine neue Verbindung ein, und der technologische Aspekt setzte sich in seiner ganzen schöpferischen Größe um. Das war ein langwieriger Prozeß; beispielgebend auf diesem Wege ist die Friedrich-Wedersche Kirche mit ihrer ziegelsichtigen Fassade und dem sandsteinimitierten Innern.

In dieser Zeit war der Gegensatz zwischen Materialsichtigkeit, Materialechtheit und imitierten Materialien nichts Ungewöhnliches. In einem ganz natürlichen Nebeneinander existierten in der Einfachheit und Geschlossenheit der backsteinernen Fassade der Friedrich-Werderschen Kirche die bronzeimitierten Eisentüren, denn diese waren zweifellos um vieles billiger als reine Bronze.

Der Ziegelsteinimitationsanstrich des frei gegen den Himmel gesetzten Vierpaßgeländers über dem Traufgesims hatte technische und finanzielle Gründe. Auch im Innern wählte Schinkel den Kontrast zwischen Sandsteinimitation und der im Naturton gehaltenen Eiche der Emporen. Eine Gestaltungskonzeption, deren Dekorationswert vor dem Materialwert liegt.

Dabei beginnt Schinkel, alle Möglichkeiten des Backsteinmaterials auszuspielen, erreicht aber keine Schlüssigkeit des ganzen Entwurfes zwischen Innen und Außen.

In der Zeit nach den Befreiungskriegen legte die schlechte ökonomische Situation dem Architekten Zwänge auf, die mit einem noch nicht soweit entwickelten ästhetischen Anspruch an die Materialechtheit konform gingen.

Zur gleichen Zeit entstand das Alte Museum. Auch hier arbeitete Schinkel mit Imitaten, wie zum Beispiel in der Rotunde mit Stuckmarmorsäulen, illusionistischer Kassettenmalerei und intarsiertem Estrichfußboden. Diese »Veredlung« der natürlichen Materialien durch Imitate kam dem damals noch »weiß« interpretierten antikischen Ideal, das hier verdeutlicht ist, am nächsten. Eine Materialsichtigkeit, wie sie uns heute in der umstrittenen Rekonstruktion der Glyptothek in München entgegentritt, wobei das heute ziegelsichtige Backsteinmaterial mit seinen gemauerten Gesimsvorlagen zweifellos einen Reiz hervorruft, ist eine Täuschung, denn diese Haltung wäre zur Bauzeit undenkbar gewesen.

Durch die Meinung Sempers, der die Wand als einen buntgewirkten Teppich, den wahren und legitimen Repräsentanten der Wand, hinter dem das Innere nicht sichtbare Gerüst zu verstecken ist, auffaßte[164], begreift man, wie revolutionär Schinkels Ansätze sind, die sich zu einer neuen Ästhetik der Materialechtheit und Materialgerechtigkeit entwickeln.

Durch seine konsequent ausgeführten backsteinernen Gebäude, die eine von der Technik bestimmte Ästhetik hervorrufen, gibt er Impulse für ein neues Bauen.

Oft ist die Bauakademie als eigentlicher Gründungsbau der Moderne bezeichnet worden. In ihr verarbeitete Schinkel englische Konstruktionserfahrungen, Rasterkompositionen, die oberitalienische Materialästhetik, das Wandpfeilersystem der Gotik und die von der Antike geprägte Identität von Konstruktion und Form dialektisch zu einer neuen Ästhetik, die weder einer nackten Zweckform noch einer eklektizistischen Rezeption verfallen ist. Die Bauakademie stellte sich unmißverständlich als durch und durch symmetrischer Ziegelbau dar, der aus

---

[164] Gottfried Semper. »Kleine Schriften«, Berlin, Stuttgart 1884, S. 383–394

einer Skelettbauweise, mit »vorgefertigten« Terrakottaelementen, die nachträglich in das gemauerte Pfeilersystem einschließlich der Ausfachungen eingesetzt wurden, entstand. Hinter den Strebepfeilern und fast jochbreiten Segmentbogenfenstern befanden sich Kappengewölbe aus Ziegeln.

Ohne die technologischen Erfahrungen und ästhetischen Anschauungen, die Schinkel bei dem Bau der Friedrich-Werderschen Kirche gewann, wäre die Bauakademie in dieser Konsequenz nicht denkbar.

Trotz der allgemeinen Vorzüge des Backsteines konnte dieser sich nicht ungehindert ab der Mitte des 19. Jahrhunderts weiterentwickeln; denn es wurde allgemein die Fragestellung aufgeworfen, inwieweit der Ziegelrohbau geeignet sei, die formal-ästhetischen Ansprüche an die Architektur zu erfüllen.

Der in dieser Diskussion sich abzeichnende Konflikt ist eine Widerspiegelung des Grundwiderspruches zwischen der industriellen Produktionsweise, die neue Baumaterialien wie z.B. Stahl und Glas hervorbrachte, und den in der Vergangenheit verhafteten ästhetischen Empfindungen, verbunden mit bestimmten Ornamentformen, die einem Statussymbol entsprachen und so immer wieder Verwendung finden mußten. Der Backsteinbau wurde gerade von Schinkels Schülern aufgrund seiner materialbedingten Eigenheiten auch in ästhetischer Hinsicht als etwas Selbständiges aufgefaßt.

Für L. Bohnstedt ist Backstein nur ein »Aschenbrödel«, das sich immer hinter Stuck und Stein verstecken mußte und dem man nun das Racheschwert in die Hand geben will.

»...Der Backsteinbau... ist ein Notbehelf, und zwar da, wo andere geeignete Materialien schwer zu beschaffen sind, ist aber auch deswegen nicht als etwas Eigenartiges, somit für die Kunst Bedeutungsvolles aufzufassen. Die Kunst ist nicht Dienerin des Materials, sie schafft unbekümmert um das Material, welches sich ihren Gesetzen und ihrem Willen zu fügen hat....«[165]

Die zwei vorherrschenden ästhetischen Richtungen in dieser Zeit, der zweiten Hälfte des 19. Jahrhunderts, charakterisierte P. Zindel:

»...Was die beiden Hauptrichtungen der Architektur unserer Zeit voneinander scheidet, lässt sich überwiegend auf den einen Ausgangspunkt zurückführen, daß die Einen das Material und die Technik voranstellen und aus ihnen ihre Kunstformen ausschließlich abzuleiten prätendieren, während die Anderen von einer adoptierten Form ausgehen und Material und Technik dieser unterordnen...«[166]

So plädiert die eine Richtung für die Weiterführung von Schinkels eingeführten Kategorien der architektonischen Wahrheit. Das bedeutet, die Erscheinungsweise eines Gebäudes mit seiner Funktion, Konstruktion und dem verwendeten Material in Übereinstimmung zu bringen. Dennoch beschränkte sich die Backsteinarchitektur auf bestimmte Nutzbauten und untergeordnete Bauaufgaben.

»...Für die schlichten und würdigen Backsteinformen war in dieser auf äußerliche Prachtentfaltung ausgerichteten Architekturkonzeption, kein Platz mehr...«[167]

---

[165] L. Bohnstedt, »Über den Backsteinrohbau«, »in Deutsche Bauzeitung« 4. Jahrg., 1870, No. 17, S. 138

[166] P. Zindel, »Zur Ästhetik des Backsteinbaues« in »Deutsche Bauzeitung« 4. Jahrg., 1870, No. 27, S. 215

[167] Dieter Dolgner, »Zur Bewertung des Backsteinrohbaues, in architektonischen Äußerungen des 19. Jahrhunderts«, in Wissenschaftliche Zeitschrift der Ernst-Moritz-Arndt-Universität Greifswald, Gesellschafts- und Sprachwissenschaftliche Reihe, Heft 2/3, Jahrg. 29, 1980, S. 64

Nach Schinkels Tod tritt die technische Ästhetik in der Architekturauffassung in den Hintergrund, wie auch die geplante Gotisierung der Friedrich-Werderschen Kirche belegt. Eine historisierende, ja fast blind kopierende Stilentwicklung setzte sich unter Friedrich Wilhelm IV., dem Romantiker auf dem Thron, durch. In seiner Regierungszeit entstanden Zinnen an den Kasernendächern und Türmchen an Krankenhäusern. Die durch die Industrialisierung zu Reichtum gelangte Bourgeoisie demonstrierte diesen in ihren repräsentativen Bauten, die in Putz, Sandstein, Werkstein oder Stuck entstanden und sich mit dem reichen Schatz aller Stilformen schmückten. Im Gegensatz dazu vertraten die Schüler Schinkels in den Baubehörden die technisch-ästhetische Richtung. Damit entstanden viele Nutzbauten in Backstein, wie das Gefängnis in Moabit von Busse, das Krankenhaus Betanien nach den Entwürfen von Persius, Schulen, Markthallen, Lagerhäuser, Bahnhöfe, Postämter, Telegrafengebäude, Gasbehälter und Fabrikgebäude. Die Technik der Formsteinherstellung entwickelte sich dabei zur höchsten Perfektion.

Mit zunehmendem Maße veränderte sich in den 70er Jahren des vorigen Jahrhunderts der Ruf des Backsteins, ein Surrogat zu sein, das aus der Sparsamkeit entstanden, dem Baumeister Einschränkungen auferlegte und ihn in seinem Ideenreichtum beschnitt.

Der Backstein wurde für repräsentative Bauten verwendet, wie Kirchen und die Synagoge von Knoblauch in der Oranienburger Straße. Das rote Rathaus von Waesemann und das Kunstgewerbemuseum von Martin Gropius sind die schönsten Beispiele in der Weiterentwicklung der Schinkel-Schule.

Demgegenüber stehen an öffentlichen Straßen und Plätzen Putzarchitekturen, die einen Eklektizismus demonstrieren, der sich immer mehr mit historischen Motiven schmückt.

Erst mit der Überwindung des Historismus ging es konsequent weiter, das Material zu zeigen, aus dem auch der Bau errichtet wurde. Auf Schinkels technische Ästhetik griff in Tendenzen die in den 20er Jahren gebaute Architektur zurück, wie z.B. Gottheiner in seinem Ortskrankenkassengebäude oder die Stadthalle von Göderitz in Magdeburg. Aus welchen Traditionen schöpften die Architekten des Bauhauses, wenn nicht aus Schinkels klarer Haltung zur Konstruktion und Dekoration?

Abbildungsverzeichnis

mit: »revidiert in der Ober Bau Deputation, *Schinkel, 25. Juli 1829,«* Tusche, farbig angelegt, h. 42, br. 23 cm, Landesarchiv Berlin

Abb. 98 Entwurf zur Fensterverglasung des Südfensters, von L. F. Hesse, beschriftet mit: »revidiert in der Ober Bau Deputation, *Schinkel, 25. Juli 1829,«* Tusche, farbig angelegt, h. 40, br. 45 cm, Landesarchiv Berlin

Abb. 99 Entwurf zur Fensterverglasung des Langhausfensters, 1. und 3. Fenster von L. F. Hesse, beschriftet mit: »revidiert in der Ober Bau Deputation, *Schinkel, 25. Juli 1829,«* Tusche, farbig angelegt, h. 40, br. 50 cm, Landesarchiv Berlin

Abb. 100 Entwurf zur Fensterverglasung des 5. Langhausfensters, von L. F. Hesse, beschriftet mit: »revidiert in der Ober Bau Deputation, *Schinkel, 25. Juli 1829,«* Tusche, farbig angelegt, h. 42, br. 23 cm, Landesarchiv Berlin

Abb. 101 Rekonstruierte Verglasung des Stab- und Maßwerkes des 3. Langhausfensters, Foto 1985

Abb. 102 Der Innenraum nach Fertigstellung, Blick auf den Altar, Foto 1987

Abb. 103 Das Südfenster nach Fertigstellung der Steinarbeiten, Foto 1986

Abb. 104 Das rekonstruierte Langhausfenster, Foto 1987

Abb. 105 Das restaurierte Chorfenster, Foto 1987

Abb. 106 Die Fensterleibung, Steinkatalog, Zeichnung M. Abri

Abb. 107 Traufgesims, Steinkatalog, Zeichnung M. Abri

Abb. 108 Fenstergesims, Steinkatalog, Zeichnung M. Abri

Abb. 109 Turmgesims mit Spitzbogenfries, Foto 1984

Abb. 110 Sockelgesims, Steinkatalog, Zeichnung M. Abri

Abb. 111 Fiale des Schiffes, Zeichnung M. Abri

Abb. 112 Fiale der Türme, Zeichnung M. Abri

Abb. 113 Kapitelle des Südportals, Foto 1988

Abb. 114 Ansicht des Ostportals, Foto 1987

Abb. 115 Westlicher Terrakotta-Engel am Portal, Detail, Foto 1983

Abb. 116 Blick auf die gußeiserne Vierpaßbalustrade, Foto 1984

Abb. 117 Das alt- und neuverfugte Mauerwerk mit Halbrundstabfuge, Foto 1987

Abb. 118 Die fertiggestellte Friedrich-Werdersche Kirche, Foto 1988

Abb. 119 Isometrie der Fensterleibungen des Schlosses für den Fürsten Sayn-Wittgenstein und der Friedrich-Werderschen Kirche, Zeichnung M. Abri, nach einer Zeichnung Schinkels, 1837, Längsschnitt und Details des Schlosses, M. XXXV b 39, Schinkelsammlung in Sammlung der Zeichnungen, Nationalgalerie, Staatliche Museen zu Berlin

Abb. 120 Darstellung der Halbrundstabfuge im Schnitt, entnommen der Beschreibung zum Entwurf eines Schlosses für den Fürsten Sayn-Wittgenstein, 1837, in M. Kühn, Schinkel-Lebenswerk, »Ausland«, Berlin, München 1989, S. 135

Abb. 121 Darstellung des Kranzgesimses des Schlosses für den Fürsten Sayn-Wittgenstein, Zeichnung M. Abri, nach einer Zeichnung Schinkels, 1837, mit Ansicht, Längsschnitt und Details des Schlosses, M. XXXV b 39, Schinkelsammlung in Sammlung der Zeichnungen, Nationalgalerie, Staatliche Museen zu Berlin

Abb. 122 Die Befestigung des Akanthusblattes unter dem Traufgesims, Zeichnung M. Abri

Literaturverzeichnis

Adler, F., »Die niederländischen Kolonien in der Mark Brandenburg«, aus Märkische Forschungen, Verein für Geschichte der Mark Brandenburg, VII. Band, Berlin 1861, S. 110–127

Adler, F., »Mittelalterliche Backstein-Bauwerke des Preußischen Staates«, Berlin 1862

Alberti, Leone Battista, »Zehn Bücher über die Baukunst«, Reprint Darmstadt 1975

Arszynski, Marian, »Einige Gedanken zum Problem der Materialbedingtheit des Backsteinbaubetriebes«, in Wissenschaftliche Zeitschrift der Ernst-Moritz-Arndt-Universität Greifswald, Gesellschafts- und Sprachwissenschaftliche Reihe, Heft 2–3, Jahrg. 29, 1980, S. 63–65

Badstübner, Ernst, »Kunstgeschichtsbild und Bauen in historischen Stilen – Ein Versuch über die Wechselbeziehungen zwischen kunstgeschichtlichem Verständnis, Denkmalpflege und historischer Baupraxis im 19. Jahrhundert«, in »Historismus – Aspekte zur Kunst im 19. Jahrhundert«, Leipzig 1985

Badstübner, Ernst / Wipprecht, Ernst, »Das wunderliche Dogma der Materialgerechtigkeit«, in »Farbe und Raum«, Nr. 3, 1981, S. 22–27

Badstübner, Ernst, »Stadtkirchen der Mark Brandenburg«, Berlin 1982

Badstübner, Ernst, »Stilgeschichtliches Verständnis und zeitgenössische Architektur-Praxis. Zur Mittelalterrezeption bei Karl Friedrich Schinkel«, in Wissenschaftliche Zeitschrift der Ernst-Moritz-Arndt-Universität Greifswald, Gesellschafts- und Sprachwissenschaftliche Reihe, Jahrg. 31, 1982, Heft 2–3, S. 23–25

Bandmann, Günter, »Mittelalterliche Architektur als Bedeutungsträger«, Berlin 1951

Bandmann, Günter, »Die Bauformen des Mittelalters«, Bonn 1949

Beuth, P. Ch. W. / Schinkel, K. F., »Vorbilder für Fabrikanten und Handwerker«, Bildband I, II, III, Berlin 1831–1836, Textband, 2. Abdruck, Berlin 1863

Blankenstein, Hermann, »Über die praktische Seite des Kirchenbaues unter Bezugnahme auf Schinkels Entwürfe«, Zeitschrift für Bauwesen, Jahrg. 18, 1868, S. 478–490

Bohnstedt, L., »Über den Backsteinbau«, in »Deutsche Bauzeitung«, Jahrg. IV, No. 17, 1870, S. 136–138, Jahrg. IV, No. 30, 1870, S. 241–242

Börsch-Supan, Eva und Helmut, »Reclams Kunstführer Deutschland VII«, Berlin, Stuttgart 1980

Börsch-Supan, Eva, »Berliner Baukunst nach Schinkel 1840–1870«, München 1977

Börsch-Supan, Eva, »Zur stilistischen Entwicklung in Schinkels Kirchenbau«, Zeitschrift des Deutschen Vereins für Kunstwissenschaft, Sonderheft zum Schinkel-Jahr, Bd. XXXV, Heft 1/4, 1981, S. 5–18

Börsch-Supan, Helmut, »Zur Entstehungsgeschichte von Schinkels Entwürfen für die Museumsfresken«, Zeitschrift des Deutschen Vereins für Kunstwissenschaft, Sonderheft zum Schinkel-Jahr, Bd. XXXV, Heft 1/4, 1981, S. 36–47

Brand, C. V., »Praktische Darstellung des Ziegelverbandes nach einfachen allgemeinen bisher unbekannten Gesetzen«, Berlin 1864

Britton, John, »The Architectural Antiquities of Great Britain«, London, Bd. 1, 1807; Bd. 2, 1809; Bd. 3, 1812; Bd. 4, 1814; Bd. 5, 1826

Brunel, M. G., »Versuche über die vermehrte Festigkeit des Mauerwerkes, wenn dasselbe durch Einführung anderer als der gewöhnlichen Materialien eine stärkere Verbindung erhält«, in »Allgemeine Bauzeitung«, No. 16, 1838, S. 137–146

Brües, Eva, Schinkel-Lebenswerk »Rheinlande«, Berlin, München 1968

Catel, Louis, »Vorschläge zu einigen wesentlichen Verbesserungen der Fabrikationen der Ziegel, welche dahin abzwecken, sowohl im Winter als im Sommer Ziegel anfertigen zu können und dieselben mit der Hälfte des bisher erforderlich gewesenen Holzes zu brennen«, Berlin 1806

Crusius, Siegfried Lebrecht, »Ziegelbrennerey wie sie behandelt wird und wie sie behandelt werden sollte, wenn das allgemeine Beste nicht dabey unvermeidlich leiden soll«, Leipzig 1797

Debeo, L., »Erörterungen über die Baukunst der Neuzeit«, Hannover 1962

Dierks, K./Hermann, H.-J./Tietge, H.-W./Wormuth, R., »Baukonstruktionen«, Düsseldorf 1986

Dietrich, »Über die Verwendung größerer Terrakotten zu Ziegelrohbauten«, in »Deutsche Bauzeitung«, Jahrg. IV, 1870, No. 12, S. 97–98

Dolgner, Dieter, »Karl Friedrich Schinkels Bemühungen um eine Synthese von Klassizismus und Romantik, von antiker und mittelalterlicher Bauform«, in Wissenschaftliche Zeitschrift der Ernst-Moritz-Arndt-Universität Greifswald, Gesellschafts- und Sprachwissenschaftliche Reihe, Jahrg. 31, 1982, Heft 2–3, S. 17–21

Dolgner, Dieter, »Zur Bewertung des Backsteinrohbaues in architekturtheoretischen Äußerungen des 19. Jahrhunderts«, in Wissenschaftliche Zeitschrift der Ernst-Moritz-Arndt-Universität Greifswald, Gesellschafts- und Sprachwissenschaftliche Reihe, Jahrg. 29, 1980, Heft 2–3, S. 125–128

Drachenberg, Erhard/Maercker, Karl-Joachim/Schmidt, Christa, »Die Mittelalterliche Glasmalerei in den Ordenskirchen und im Angermuseum in Erfurt«, Berlin, Wien, Köln, Graz 1976

Dümmler, K., »Die Vorzüge der Verblendsteine und anderer Baumaterialien aus gebranntem Ton«, Halle 1904

Dümmler, K., »Bau- und Kunst-Keramik alter und neuer Zeit«, Halle 1899

Eiselen, Johann Christoph, »Ausführliche theoretisch-praktische Anleitung zum Ziegelbrennen mit Torf«, Berlin 1802

Ettlinger, Leopold, »Gottfried Semper und die Antike«, Dissertation, Halle 1937

Fichte, Johann Gottlieb, »Die Anweisung zum seeligen Leben oder auch die Religionslehre«, Berlin 1828

Fiebelkorn, Max, »Die Künstlichen Baustoffe Berlins«, in »Brandenburgia«, Monatsblatt der Gesellschaft für Heimatkunde der Provinz Brandenburg zu Berlin 1905–1906, Jahrg. 14, S. 345–391

Fiorillo, J. D., »Geschichte der Kunst und Wissenschaften seit der Wiederherstellung derselben bis an das Ende des Achtzehnten Jahrhunderts, zweyte Abtheilung Geschichte der zeichnenden Künste«, Bd. II, Göttingen 1801; Bd. III, Göttingen 1805

Flaminius, Emil, »Über den Bau des Hauses für die allgemeine Bauschule in Berlin«, in »Allgemeine Bauzeitung«, 1836; No. 1, S. 3–5; No. 2, S. 9–13; No. 3, S. 18–23; No. 4, S. 25–29

Flaminius, Emil, »Über die Ziegelfabrikazion in den preußischen Provinzen«, in »Allgemeine Bauzeitung«, 1838; No. 21, S. 189–194; No. 22, S. 197–200

Fontane, Theodor, »Wanderungen durch die Mark Brandenburg, die Grafschaft Ruppin«, Berlin, Weimar 1980

Forssmann, Erik, »Karl Friedrich Schinkel Bauwerke und Baugedanken«, München, Zürich 1981

Forster, Johann Reinhold, »Auf Vernunft und Erfahrung gegründete Anleitung den Kalch und Mörtel so zu bereiten, daß die damit aufzuführenden Gebäude ungleich dauerhafter seyen, auch im Ganzen genommen weniger Kalch verbraucht werde«, Berlin, Posen 1820

Friederici, »Beitrag zu den Anleitungen mit getrockneten Luftziegeln zu bauen und insbesondere über die Verbindung der Frontmauern von gebrannten Steinen mit den innern Scheide-Mauern von Luftziegeln« in »Sammlung nützlicher Aufsätze und Nachrichten die Baukunst betreffend«, 3. Jahrg., 1. Band, Berlin 1799, S. 98–106

Gärtner, Hannelore (Herausgeberin), »Schinkel-Studien«, Leipzig 1984

Gärtner, Hannelore, »Zu einigen Problemen der Gotikrezeption in der Romantik«, in Wissenschaftliche Zeitschrift der Ernst-Moritz-Arndt-Universität Greifswald, Gesellschafts- und Sprachwissenschaftliche Reihe, Jahrg. 29, 1980, Heft 2–3, S. 117–123

Gebhardt, S. Ch. R., »Das Ganze der Ziegelfabrikation sowie der Kalk- und Gypsbrennerei«, Quedlinburg, Leipzig 1835

Gebhardt, S. Ch. R., »Die neusten Erfindungen und Verbesserungen in betreff der Ziegelfabrikation sowie der Kalk- und Gipsbrennerei«, Quedlinburg, Leipzig 1843

German, Georg, »Neugotik«, Stuttgart 1974

Gießke, Ehrhardt und Autorenkollektiv, »Nikolaiviertel und Friedrichswerdersche Kirche«, Berlin 1988

Giese, Leopold, »Die Friedrichs-Werdersche Kirche zu Berlin«, Berlin 1921

Gilly, David, »Fortsetzung der Darstellung der vorzüglichen Gegenstände der Land- und Wasserbaukunst in Pommern, Preussen und einem Theil der Neu- und Kurmark«, in »Sammlung nützlicher Aufsätze und Nachrichten die Baukunst betreffend«, 1. Jahrg., 2. Band, Berlin 1797, S. 17–37

Gilly, David, »Über die Anfertigung von Steinen aus den Brocken alter Mauern«, in »Sammlung nützlicher Aufsätze und Nachrichten die Baukunst betreffend«, 5. Jahrg., 1. Band, Berlin 1803, S. 128–130

Gilly, David, »Abriss der Cameral Bauwissenschaft zu Vorlesungen entworfen«, Berlin 1799

Graefrath, Robert, »Zur Baugeschichte der Friedrich-Werderschen Kirche in Berlin«, in »Denkmale in Berlin und in der Mark Brandenburg«, Weimar 1987, S. 107–116

Grisebach, August, »Karl Friedrich Schinkel, Architekt Städtebauer Maler«, München 1981

Grundmann, Günther, Schinkel-Lebenswerk »Schlesien«, Berlin 1941

Heine, Heinrich, »Reisebilder II. – englische Fragmente«, sämtliche Werke in 12 Bänden, 2. Band, Hamburg 1876

Henselin, A., »Das Modellieren der Ziegelverbände«, Coburg 1912

Hirt, A. L., »Anfangsgründe der schönen Baukunst«, Breslau 1804

Hittorff, J. I., »Restitution du Temple d'Empedocle a Selinonte Ou l'architecture polychrome chez les Grecs«, 1851

Hoeltje, Georg, »Georg Ludwig Friedrich Laves«, Hannover 1964

Hoffmann-Axthelm, Dieter, »Der Mauerziegel: eine Faszination und ihr Objekt«, in 84 Arch +, Sonderdruck aus – Mit Fug und Stein –, März 1986, S. 58–61

Hoffmann, Friedrich, »Ringförmige Brennöfen mit immerwährendem Betrieb«, in »Zeitschrift für Bauwesen«, Jahrg. 10, 1860, S. 523–540, Atlas, Bl. 54

Hübsch, Heinrich, »In welchem Style sollen wir bauen?«, Karlsruhe 1828

Jantzen, Hans, »Die Gotik des Abendlandes«, Köln 1962

Junecke, H. / Abri, M., Schinkel-Lebenswerk, »Provinz Sachsen«, Veröffentlichung 1992 geplant

Kadatz, Hans Joachim, »Friedrich Wilhelm von Erdmannsdorff 1736–1800«, Berlin 1986

Kamphausen, Alfred, »Gotik ohne Gott«, Tübingen 1952

Kania, H. / Möller, H. H., Schinkel-Lebenswerk, »Mark Brandenburg«, München, Berlin 1960

Kania, H., Schinkel-Lebenswerk, »Potsdam«, Berlin 1939

Kilarski, Maciej, »Schinkel und Marienburg (Malbork) Schinkels Erbe im Wandel der denkmalpflegerischen Anschauungen«, Zeitschrift des Deutschen Vereins für Kunstwissenschaft, Sonderheft zum Schinkel-Jahr, Bd. XXXV, Heft 1/4, 1981, S. 95–121

Kimpel, D. / Suckale R. / Hirmer A., »Die gotische Architektur in Frankreich 1130–1270«, München 1985

Klinkott, Manfred, »Die Backsteinbaukunst der Berliner Schule«, Berlin 1988

Klinkott, Manfred, »Martin Gropius und die Berliner Schule«, Berlin 1971

Klinkott, Manfred, »Die Berliner Backstein- und Terrakotta-Architektur in der zweiten Hälfte des 19. Jahrhunderts«, in »Architectura«, 1975, S. 170–177

Koch, Georg Friedrich, »Schinkels architektonische Entwürfe im gotischen Stil 1810–1815«, in »Zeitschrift für Kunstgeschichte«, 32. Band, 1969, Heft 3/4, S. 262–316

Koch, Georg Friedrich, »Karl Friedrich Schinkel und die Architektur des Mittelalters«, in »Zeitschrift für Kunstgeschichte«, Band 29, Heft 3, 1966, S. 177–223

Krätschell, Johannes, »Schinkels gotisches Schmerzenskind die Friedrich-Werdersche Kirche«, in »Blätter für Architektur und Kunsthandwerk«, 1888, No. 12, S. 114–117

Krätschell, Johannes, »Karl Friedrich Schinkel in seinem Verhältnis zur gothischen Baukunst«, in »Zeitschrift für Bauwesen«, Jahrg. 42, 1892, S. 160–207

Kroll, Wilhelm (Herausgeber), »Paulys Realencyclopädie der Classischen Altertumswissenschaft«, Stuttgart 1924

Kruft, Hanno-Walter, »Geschichte der Architekturtheorie«, München 1985

Kruse, Karl Bernhard, »Kleines Glossar zur Geschichte der Herstellung und Verwendung von Backstein«, in 84 Arch +, Sonderdruck aus – Mit Fug und Stein –, März 1986, S. 68–69

Kuhnow, A., »Verwitterungen an Berliner Rohbauten«, Berlin 1884

Kühn, Margarete, Schinkel-Lebenswerk, »Bauten für das Ausland«, Berlin, München 1989

Kunst, Hans-Joachim, »Bemerkungen zu Schinkels Entwürfen für die Friedrich-Werdersche Kirche in Berlin«, in »Marburger Jahrbuch für Kunstwissenschaft«, Bd. 19, 1974, S. 241–256

Le Mang, Irmgard, »Die Entwicklung des Backsteinbaues im Mittelalter in Nordostdeutschland«, Straßburg 1931

Levezow, Konrad, »Denkschrift auf Friedrich Gilly«, Berlin 1801

Litz, Hans, »Die Maßordnung der Villa Foscari im Vergleich mit der Modularen Maß-Koordination«, Benglen–Zürich 1982

Lloyd, Nathaniel, »A History of English Brickwork«, London, New York 1925

Lorentzen, Carolus, »Marci Vitruvii Pollionis de architectura libri decem«, Gotha 1857

Lübke, Wilhelm , »Das Verhältnis Schinkels zum Kirchenbau«, in »Zeitschrift für Bauwesen«, Jahrg. 10, 1860, S. 429–438

Mackowsky, Hans, »Karl Friedrich Schinkel Briefe, Tagebücher, Gedanken«, Berlin, Leipzig 1922

May, Walter, »Die Bedeutung der Gotik für das Schaffen Karl Friedrich Schinkels«, in Wissenschaftliche Zeitschrift der Ernst-Moritz-Arndt-Universität Greifswald, Gesellschafts- und Sprachwissenschaftliche Reihe, Jahrg. 31, 1982, Heft 2–3, S. 37–40

May, Walter, »Bemerkungen zur Rolle der antiken Architekturformen im Werk Schinkels und zu den Entwürfen für die Friedrich Werdersche Kirche in Berlin«, in »Karl Friedrich Schinkel und die Antike – Eine Aufsatzsammlung«, Stendal 1985, S. 72–80

Mellin, Johann Friedrich Ernst, »Gründlicher Unterricht zur Anfertigung von wirklich feuerfesten Steinen«, Berlin 1828

Menzel, »Beschreibung des Verfahrens bei der Fabrikation der Ziegel und des Mörtels auf der königl. Ziegelei bei Joachimsthal«, Berlin 1846

Mignot, Claude, »Architektur des 19. Jahrhunderts«, Stuttgart 1983

Müller, Hans, »Backsteingotik«, Leipzig 1985

Neumann, Rudolf, »Über den Backstein«, in »Zeitschrift für Bauwesen«, Jahrg. 26, 1876, S. 439–450; Jahrg. 27, 1877; S. 97–112, S. 233–246, S. 399–412, S. 531–544, Jahrg. 28, 1878, S. 101–114, S. 237–254, S. 449–462, S. 571–578

Neumeyer, Fritz, »Eine neue Welt entschleiert sich · Von Friedrich Gilly bis Mies van der Rohe« aus »Friedrich Gilly 1772–1800 und die Privatgesellschaft junger Architekten«, Ausstellung im Berlin Museum, Berlin 1987, S. 41–65

Niemeyer, Wilhelm, »Friedrich Gilly, Friedrich Schinkel und der Formbegriff des deutschen Klassizismus«, Sonderabdruck aus den Mitteilungen des Kunstgewerbevereins zu Hamburg vom Oktober 1912

Ohff, Heinz, »Karl Friedrich Schinkel«, Berlin 1981

Otzen, J., »Über die Verwendung größerer Terrakotten zu Ziegelrohbauten«, in »Deutsche Bauzeitung«, Jahrg. IV, 1870, No. 16, S. 127–129

Panofsky, Erwin, »architecture gothique et pensée scolastique«, Paris 1967

Peschken, Goerd, »Technologische Ästhetik in Schinkels Architektur«, Berlin 1965

Peschken, Goerd, Schinkel-Lebenswerk, »Architektonisches Lehrbuch«, München, Berlin 1979

Posener, Julius, »From Schinkel to the Bauhaus«, London 1972

Posener, Julius, Festreden Schinkel zu Ehren«, Berlin 1981

Prestel, Jakob, »Marcus Vitruvius Pollio, zehn Bücher über Architektur«, Bd. 1 bis 5, Baden-Baden 1959

Pries, Martin, »Die Entwicklung der Ziegeleien in Schleswig-Holstein«, in Hamburger geographische Studien, Heft 45, Hamburg 1989

Quast, Ferdinand von, »Carl Friedrich Schinkel«, Neu-Ruppin 1866

Quast, Ferdinand von, »Über die Auffassung der heutigen Kirchenbaukunst und Schinkels Stellung in derselben«, in »Zeitschrift für Bauwesen«, Jahrg. 13, 1863, S. 543

Rave, Paul Ortwin, Schinkel-Lebenswerk, »Berlin – Teil I«, München, Berlin 1941

Rave, Paul Ortwin, Schinkel-Lebenswerk, »Berlin – Teil II«, München, Berlin 1948

Rave- Paul Ortwin, Schinkel-Lebenswerk, »Berlin – Teil III«, München, Berlin 1962

Rave, Paul Ortwin, »Karl Friedrich Schinkel Blick in Griechenlands Blüte«, Berlin 1946

Reelfs, Hella, »Schinkel in Tegel«, Zeitschrift des Deutschen Vereins für Kunstwissenschaft, Sonderheft zum Schinkel-Jahr, Bd. XXXV, Heft 1/4, 1981, S. 47–66

Riemann, Gottfried, »Karl Friedrich Schinkel – Reise nach England, Schottland und Paris im Jahre 1826«, Berlin 1986

Riemann, Gottfried, »Karl Friedrich Schinkel – Reise nach Italien«, Berlin 1979

Rietdorf, Alfred, »Gilly – Wiedergeburt der Architektur«, Berlin 1943

Rüger, Elisabeth, »Die römischen Terrakotten von Nida-Heddernheim«, Frankfurt am Main 1980

Rumohr, Carl Friedrich von, »Italienische Forschungen«, III. Theil, Berlin, Stettin 1831

Schinkel, Karl Friedrich, »Grundlage der praktischen Baukunst«, Teil I, Maurerkunst, Berlin 1836

Schinkel, Karl Friedrich, »Vorlegeblätter für Maurer«, Berlin 1935

Schinkel, Karl Friedrich, »Sammlung architectonischer Entwürfe von Schinkel«, Heft 13, Berlin 1829

Schinkel, Karl Friedrich, »Sammlung architectonischer Entwürfe von Schinkel«, Heft 8, Berlin 1826

Schlabbach, Fritz, »Paul Ludwig Simon 1771–1815«, Berlin 1939

Schleiermacher, Friedrich, »Über die Religion, Reden an die Gebildeten unter ihren Verächtern«, Herausgeber Rudolf Otto, Göttingen 1926

Schleiermacher, Friedrich, »Der Christliche Glaube«, Halle 1986

Schlickeysen, C., »Die Maschinen-Ziegelei«, Berlin 1860

Schönauer, Johann Nepomuck, »Praktische Darstellung der Ziegelhüttenkunde«, Salzburg 1815

Schreiner, Ludwig, Schinkel-Lebenswerk, »Westfalen«, München, Berlin 1969

Schulz, »Bemerkungen über die Ziegelbrennerei zwischen der Elbe und Schelde«, in »Sammlung nützlicher Aufsätze und Nachrichten die Baukunst betreffend«, 6. Jahrg., 1. Band, Berlin 1804, S. 69–84

Schulz, F. I. E., »Einige Bemerkungen über die holländische Ziegelfabrikation«, Königsberg 1805

Schumacher, Fritz, »Das Wesen des neuzeitlichen Backsteins«, München 1917

Schuster, Peter-Klaus, »Schinkel, Friedrich und Hintze. Zur romantischen Ikonographie des deutschen Nationalgefühls«, Zeitschrift des Deutschen Vereins für Kunstwissenschaft, Sonderheft zum Schinkel-Jahr, Bd. XXXV, Heft 1/4, 1981, S. 18–36

Sebald, H., »Berlins Denkmäler der Bau- und Bildhauerkunst«, Berlin 1844

Semper, Gottfried, »Kleine Schriften«, Berlin, Stuttgart 1884

Simon, »Berichtigung einer Behauptung in Absicht der holländischen Ziegel«, in »Sammlung nützlicher Aufsätze und Nachrichten die Baukunst betreffend«, 6. Jahrg., 2. Band, Berlin 1806, S. 91–94

Simson, Otto von, »Die Gotische Kathedrale«, Darmstadt 1968

Skibinski, Szcesny, »Die Staatsideologie der Marienburger Schloßkapelle«, in Wissenschaftliche Zeitschrift der Ernst-Moritz-Arndt-Universität Greifswald, Gesellschafts- und Sprachwissenschaftliche Reihe, Heft 2–3, Jahrg. 29, 1980, S. 57–62

Solger, Karl Wilhelm Ferdinand, »Erwin vier Gespräche über das Schöne und die Kunst«, München 1971, Reprint von 1907

Sperlich, Martin, »Frühe industrielle Bauformen in Berlin – Eisenguß, Zinkguß, Terrakotta«, in

»ICOMOS die Rolle des Eisens in der Historischen Architektur der ersten Hälfte des 19. Jahrhunderts«, Hannover 1978, S. 18–22

Strauß, Konrad, »Alte Terrakottakunst in Norddeutschland«, in »Wettiner Heimatkalender für Halle und den Saalkreis«, Wettin 1924, S. 161–170

Stuart, J./Revett, N., »Antiquities of Athen«, 1787–1790

Tieck, Ludwig, »Ludwig Tiecks Schriften, William Lovell«, 6. Band, Berlin 1826, S. 339

Tieck, Ludwig/Raumer Friedrich (Herausgeber), »Solgers nachgelassene Schriften und Briefwechsel«, Bd. 1 und 2, Leipzig 1826

Valdenaire, Arthur, »Friedrich Weinbrenner«, Karlsruhe 1926

Violet, Bruno, »Die Friedrichs-Werdersche Kirche C. F. Schinkels einst und jetzt«, Berlin 1931

Voit, I. M., »Die Landbaukunst in allen ihren Haupttheilen«, erster Theil, Augsburg, Leipzig 1826

Voit, I. M., »Lehrbuch für Bauhandwerker und Bauherren über Baumaterialienkunde und zur Berechnung richtiger Bauanschläge«, Augsburg 1835

Waagen, Gustav Friedrich, »Einige Äußerungen Karl Friedrich Schinkels über Leben, Bildung und Kunst«, in »Allgemeine Bauzeitung«, Jahrg. 11, 1846, S. 261–264

Waagen, Gustav Friedrich, »Karl Friedrich Schinkel als Mensch und als Künstler«, (Reprint), Düsseldorf 1980

Weber, R., »Handbuch der Ziegeleitechnik«, Berlin 1914

Wegner, Max, »Altertumskunde«, Freiburg, München 1951

Wegner, Max, »Ornamente kaiserzeitlicher Bauten Roms«, Köln, Graz 1957

Wegner, Reinhard, Schinkel-Lebenswerk, »Reise nach England«, erscheint im Deutschen Kunstverlag München; das Manuskript wurde mir freundlicherweise vom Autor zur Verfügung gestellt

Wiederanders, Gerlinde, »Die Verwendung klassischer Stilelemente an Kirchenbauten Karl Friedrich Schinkels«, in »Karl Friedrich Schinkel und die Antike – Eine Aufsatzsammlung«, Stendal 1985, S. 80–83

Wiederanders, Gerlinde, »Die Kirchenbauten Karl Friedrich Schinkels«, Berlin 1981

Wight, Jane A., »Brick Building in England«, London 1972

Wolzogen, Alfred, »Aus Schinkels Nachlaß«, Bd. 1 und 2, Berlin 1862, Bd. 3, Berlin 1863, Bd. 4, Berlin 1864

Zadow, Mario, »Karl Friedrich Schinkel«, Berlin 1980

Zaske, Nikolaus, »Gotische Backsteinkirchen Norddeutschlands zwischen Elbe und Oder«, Leipzig 1970

Zedlitz, L. Freiherr von, »Conversations-Handbuch für Berlin und Potsdam«, Berlin 1834, Reprint, Leipzig 1987

Zimmermann, Max, »Winckelmann der Klassizismus und die märkische Kunst«, Leipzig 1918

Zindel, P., »Zur Aesthetik des Backsteinbaues«, in »Deutsche Bauzeitung«, Jahrg. IV, No. 27, 1870, S. 215–218, Jahrg. IV, No. 9, 1871, S. 67–68

Anonym, »Bauverzierungen von Gußeisen«, in »Allgemeine Bauzeitung«, Jahrg. 3, No. 46, 1838, S. 411

Ausstellungskataloge

Berlin und die Antike, Ausstellungskatalog, »Berlin und die Antike«, Deutsches Archäologisches Institut, Staatliche Museen Preußischer Kulturbesitz, Berlin 1979

Freydanck, Carl Daniel, Ausstellungskatalog, Verwaltung der Staatlichen Schlösser und Gärten Berlin, Staatliche Porzellan-Manufaktur Berlin, Berlin 1987

Friedrich-Werdersche Kirche, Katalog der ständigen Ausstellung, »Schinkelmuseum Friedrichswerdersche Kirche«, Nationalgalerie, Staatliche Museen zu Berlin, Berlin 1987

Galerie der Romantik, Nationalgalerie, Ausstellungskatalog, Ständige Ausstellung im Schloß Charlottenburg, Staatliche Museen Preußischer Kulturbesitz, Berlin 1987

Gilly, Friedrich 1772–1800 und die Privatgesellschaft junger Architekten, Ausstellung im Berlin Museum, Berlin 1987

Hallerstein, Haller von, Ausstellungskatalog, »Haller von Hallerstein in Griechenland«, Ausstellung Antikenmuseum, Berlin 1986

Hittorff, J. I., Ausstellungskatalog, »Jakob Ignaz Hittorf, ein Architekt aus Köln und Paris des 19. Jahrhunderts«, Köln 1987

Klenze, Leo von, Ausstellungskatalog, »Leo von Klenze, ein griechischer Traum«, Ausstellung in der Glyptothek, München 1985

Magazin von Gußwaren der Königlich Preußischen Eisengießer, Heft 1 bis 8, Berlin 1819–1833

Nerdinger, Winfried, »Romantik und Restauration – Architektur in Bayern zur Zeit Ludwigs I. 1825–1848«, Ausstellungskatalog der Architektursammlung der technischen Universität München, München 1987

Schinkel, K. F., Ausstellungskatalog, »Karl Friedrich Schinkel 1781–1841«, Ausstellung im Alten Museum, Berlin 1980

Schinkel, K. F., Ausstellungskatalog, »Karl Friedrich Schinkel – Architektur, Malerei, Kunstgewerbe«, Ausstellung im Schloß Charlottenburg, Berlin 1981

Schloß Glienicke, Ausstellungskatalog, »Bewohner Künstler Parklandschaft«, Berlin 1987

Semper, Gottfried, Ausstellungskatalog, »Gottfried Semper, zum 100. Todestag«, Ausstellung im Albertinum zu Dresden, Staatliche Kunstsammlungen Dresden 1979

Archive

Privatarchiv – Schloß Tegel
Bauakte zum Schloß Tegel, Bl. 290

Schinkelsammlung – Sammlung der Zeichnungen, Nationalgalerie, Staatliche Museen zu Berlin

– Karl Friedrich Schinkel, »Dienstreisebericht Schinkels in die Altmark vom 12.–24. Juli 1835«
– Karl Friedrich Schinkel, »Schriften zu einem Lutherdenkmal«
– Gesammelte Zeichnungen und Entwürfe

Zentrales Staatsarchiv Merseburg
Akten zum Bau der Friedrich-Werderschen Kirche, Rep. 93 B, No. 2521; Rep. 76 Sekt. 14, No. 15, Bd. 2; Rep. 151 IX, IV

Landesarchiv Berlin
Zwei Mappen zum Bau der Friedrich-Werderschen Kirche

Staatliche Schlösser und Gärten – Schloß Charlottenburg
KPM-Archiv

Bayerische Staatsbibliothek München
Klenzeana XV, Schinkel

Personenregister

Ortsregister

Abkürzungen
f   – Personen- und Ortsregister, Begriff befindet sich in einer Fußnote auf der angegebenen
       Seite
KOBD – Königliche Oberbaudeputation

Technische Anmerkung
Die »*kursiv*« gesetzten Texte beziehen sich auf Schinkels Aussagen und Schriften

Farbtafeln

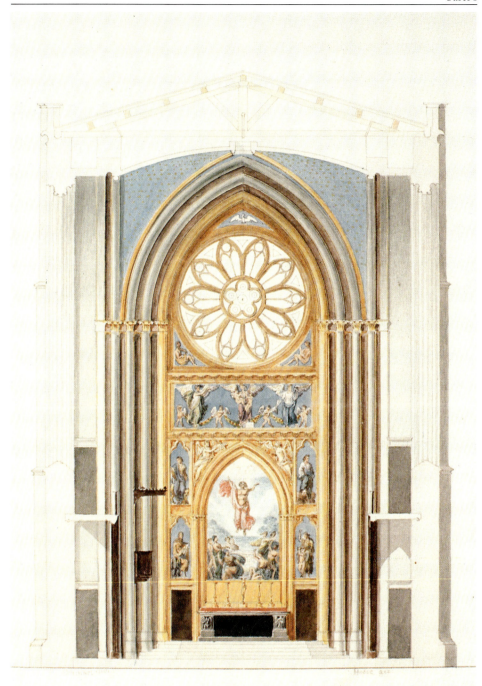

Tafel I (Abb. 27) Querschnitt gegen die Trennwand, KOBD, Tusche, aquarelliert

Tafel II (Abb. 37) Stuckelement aus der Fensternische, Foto 1982

Tafel III (Abb. 44) Ansicht des 2. Chorfensters (von Westen), Foto 1987

Tafel IV (Abb. 45) Das Innere der Friedrich-Werderschen Kirche, 1832. Friedrich Wilhelm Klose, Aquarell

Tafel V VI (Abb. 64) Blick vom Dach der Werderschen Kirche nach Süden und Norden (Detail), um 1834, Eduar

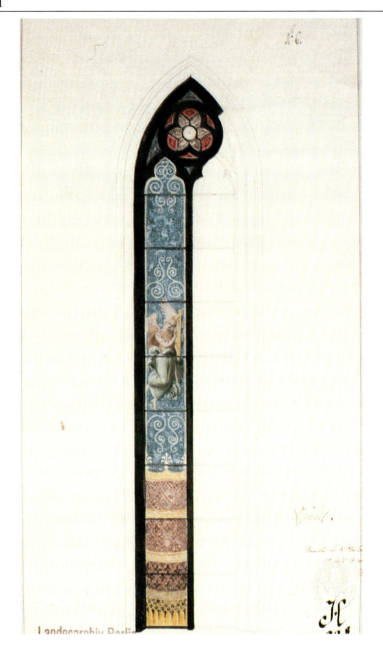

Tafel VII (Abb. 97) Entwurf zur Fensterverglasung des Chorfensters,
Zeichnung K. F. Schinkel, beschriftet mit: »revidiert in der Ober Bau
Deputation, *Schinkel, 25. Juli 1829,*« Tusche, farbig angelegt

Tafel VIII (Abb. 98) Entwurf zur Fensterverglasung des Südfensters, von L. F. Hesse, beschriftet mit:
»revidiert in der Ober Bau Deputation, *Schinkel, 25. Juli 1829*,« Tusche, farbig angelegt

Tafel IX (Abb. 99) Entwurf zur Fensterverglasung des Langhausfensters, 1. und 3. Fenster von
L. F. Hesse, beschriftet mit: »revidiert in der Ober Bau Deputation, *Schinkel, 25. Juli 1829,*«
Tusche, farbig angelegt

Tafel X (Abb. 100) Entwurf zur Fensterverglasung des 6. Langhausfensters, von L. F. Hesse,
beschriftet mit: »revidiert in der Ober Bau Deputation, *Schinkel, 25. Juli 1829*,« Tusche, farbig angelegt

Tafel XI (Abb. 101) Rekonstruierte Verglasung des Stab- und Maßwerkes des 3. Langhausfensters, Foto 1985

Tafel XII (Abb. 102) Der Innenraum nach Fertigstellung, Blick auf den Altar, Foto 1987